心智训练

从理性思考到睿智行动

（英）达伦·布里杰（Darren Bridger）
戴维·刘易斯（David Lewis）◎著

徐彬　韩玉葳◎译

Think Smart, Act Smart

How to Make Decisions and Achieve Extraordinary Results

·北京·

First published in 2008 under the title Get it Done! by Watkins, an imprint of Watkins Media Limited
www.watkinspublishing.com
The simplified Chinese translation rights arranged through Rightol Media（本书中文简体版权经由锐拓传媒取得 E-mail:copyright@rightol.com）

本书中文简体字版由 Watkins Media Limited 经锐拓传媒授权化学工业出版社有限公司独家出版发行。

北京市版权局著作权合同登记号：01-2021-3252

图书在版编目（CIP）数据

心智训练：从理性思考到睿智行动 /（英）达伦·布里杰（Darren Bridger），（英）戴维·刘易斯（David Lewis）著；徐彬，韩玉葳译. —北京：化学工业出版社，2021.9（2024.7 重印）
书名原文：Think Smart, Act Smart
ISBN 978-7-122-39335-7

Ⅰ. ①心… Ⅱ. ①达… ②戴… ③徐… ④韩… Ⅲ. ①心理训练 Ⅳ. ①G804.86

中国版本图书馆 CIP 数据核字（2021）第 111941 号

出 品 人：李岩松　　　责任编辑：郑叶琳　张焕强
装帧设计：韩　飞　　　责任校对：边　涛

出版发行：化学工业出版社（北京市东城区青年湖南街 13 号　邮政编码 100011）
印　　装：涿州市般润文化传播有限公司
710mm × 1000mm　1/16　印张 8¾　字数 98 千字　2024 年 7 月北京第 1 版第 4 次印刷

购书咨询：010-64518888　　　售后服务：010-64518899
网　　址：http://www.cip.com.cn
凡购买本书，如有缺损质量问题，本社销售中心负责调换。

定　　价：55.00 元　

“在做决定之时，能做出正确的决断为最佳，次之是做出了错误的选择，而无所作为是最下之策。”

——西奥多·罗斯福

（Theodore Roosevelt，1858—1919）

引言

◇◇◇

我们每天都在分析情势，解决问题，做出选择，制定决策，并且按照这些依据付诸行动。本书将会介绍怎样更好地进行这些步骤。我们将会解释如何运用心理学家、数学家、商业顾问、竞技运动员乃至军事战略家们所发明的技巧。文中有包括思维训练的练习和自我评估，并补充了相关的背景信息，供大家了解阅读。所有这些技巧都能帮助你更有效地运用个人的脑力。

面临挑战

偶尔，你会遇到需要立即做出反应的情况——假如我们在路上遇见了一条毒蛇，我们是不会花很多时间去考虑该怎么做的！但大多数情形都远远比这复杂，并且需要不同的推理技能。即使是选择度假地点这样的日常决策，也可能涉及出奇复杂的过程：评估风险、衡量选择、考虑他人需求，以及我们在不同地方感觉会有何不同。

有时候，生活中的某个方面——工作、家庭或者是闲暇时光——都会产生难以处理或解决的问题。你可能会发现你难以有效地以你惯用的方法来应对某种情况，或者陷入了一种前所未见的困境当中。面对这些情况，你可能需要其他思维及心理技巧。本书将会指导你在克服挑战的各个阶段中，找到适合自己的方法。

集中精力

一开始，你需要多种思维技巧来帮助你分析局势。首先，你要能够专心——像照相机对焦以获得最清晰的照片一样，集中你的精力，来找到解决问题的最佳方法。说到集中精力，有时你需要无比敏锐、细致，但是在其他时候，你也需要像相机的广角镜头一样打开自己的视野，或者改变自己的思路，来更深入地了解问题的背景。本书的前两章将展示运用逻辑推导能力和更具创造性、更直观的思维的不同方法，以便你能够成功应对不同的情形。

决定，决定

每一个选择会带来独特的机遇，但也会有代价：你每做出一个决定，都不得不放弃一个甚至更多的其他选择。苦恼于自己是否做出了正确的决定，或是怀疑自己所放弃的选择实际上会更好，都会让做决定的过程充满焦虑，最后变得后悔。

在做决定时，你只能取两种方法中的一种：要么想破脑袋地思考所有可能性，来找到完美答案；要么一直找，直到找到足够好的选择。如果一味地想寻找完美的答案，你所消耗的时间和精力可能会不成比例，而且大费周章之后可能仍然无法达到你的理想目标，而实际上，你所需要的只是一个可行的解决方案而已。

你需要考虑的因素越多，就越需要技巧将你的选择范围缩小，以便采取精确的行动。你可能需要考虑各种条件下的因素——如果发生了某种情况你会执行方案一，如果出现了另一种情况，你会执行方案二——但是如果没有一套清晰的步骤来引导你做出决定，你很容易就会陷入混乱当中。

有时，做出这些选择似乎是一项艰巨的工作，但不这么做更糟糕。正如哲学家伯特兰·罗素（Bertrand Russell）所说：“没有什么比犹豫不决更让人疲惫的了，也没有比这更徒劳无功的。”

理顺思路

高效地做决定并不是一个人与生俱来的本领。然而，我们能够学习并改善这种能力。最开始，你需要清楚地认识到，如果你无法控制你的各种臆想，那么无论你推理得有多好，都可能被误导。你拥有一系列天生的条件反射、情感反应和推理技能，这些通常很有用，但有时会造成错误的想法。通过学习辨别和避免这些偏差，你可以让自己保持头脑清醒，感知准确。

能够认识到成功之路到底是有一条还是多条，甚至知道何时无须做决定，以及知道如何明智地评估风险，这些都是决策过程的一部分。

和任何类型的心理过程一样，重要的是不要让压力或焦虑扰乱你的思维。针对这一点，本书第 5 章提供了许多实用的指导。

据说，一个武士能够在七次呼吸的时间内做出任何决定。虽然你可能无法达到这一境界，或是根本不需要像武士那般迅速地做决定，但在本书的帮助下，你会发现更敏锐、更有把握地决策的好处。

行动时机

有些人耗费过多的时间去分析情况，却从来没有做过具体的决定；

有些人做出了正确的决定，却没有付诸行动。拖延、丧失动力和“等待合适的时机”这些借口都让我们难以采取行动。恐惧也会造成这种情况：害怕后果（许多有理有据的行为都有缺点），害怕改变，或者害怕他人的反应。

为了克服这些障碍，把你的决定践行于有效率的行动，你需要定下一个明确的目标，有一个精心策划的行动计划，有效地管理你的时间，摆脱惰性，建立一个新的行动“习惯”。通过掌握这些必要的技能，你将尽可能轻松高效地实现你的目标。

“你想知道真正的自己是什么样的吗？不要问，去行动！”

——**托马斯·杰斐逊**

（Thomas Jefferson，1743—1826）

激发潜能

无论你是想通读整本书，还是只浏览感兴趣的章节，我们都希望你会发现这本书对你所拥有的最珍贵的能力——你的思维——是一部极好的、具有启发性和有益的实用指南。你自身的能力和潜力远远超出你的想象。学会去稍微激发自己的能力，你将不会后悔！

目录

◇◇◇

第 1 章 全神贯注

FOCUS AND CONCENTRATION

在做决定或采取行动之前，我们必须集中精神，认真思考。然而，有限而又单一的专注模式并不是解决每个问题的最佳方案。本章将会介绍如何改变大脑的“挡位”并从中获益，以应对不同的情况。文中会有练习来帮助你找到自己所偏爱的思考模式，并且教你如何最优地发挥分析性和创造性思维来得到满意的结果。最后，文中会提供关于处理多种任务以及各种活动优先缓急顺序的指导方针。

心智训练

从理性思考到睿智行动

---

think smart act smart

How to Make Decisions and
Achieve Extraordinary Results

高效专注

解决问题、制定决策和采取行动都需要从如何适当地专注于问题开始。为了应对一个项目或者计划中出现的各种可能性，你需要在不同层次的专注度之间转换；这些层次包括有意义的白日梦，以及高度集中精力的状态。

专注的四种程度

人脑的专注程度主要有四个层次，有点像汽车的变速排挡。这四种程度是大脑不同模式下的活动所产生的，后面会有详细描述。一般而言，你会使用所有四种“挡位”。但是，你也能通过训练，有意识地进行“换挡”。

减挡

如果要切换到 2 挡或 3 挡，找一个你不会被打扰的地方，轻缓地闭上你的双眼并且放松。减缓呼吸，深呼吸，每分钟呼吸 4 次，持续 1 分钟。有助于实现“减挡”的方式还包括泡澡或淋浴、散步、静坐或者平躺。缓慢而又轻柔的音乐能助你立刻减到 1 挡。

加挡

如果要升到 3 挡或 4 挡，可以端坐起来，且稍稍加快呼吸，大约每分钟呼吸 16 到 24 次，持续 1 分钟。少量的咖啡因（比如咖啡或者可乐）能够让你“加挡”更快。但是要留心，不要让精神过度集中，导致产生焦虑。

大脑的挡位

20 世纪时，脑科学家发现我们思考时主要有四种脑电波频段。我们思考时，大量的脑细胞发出有节律的电子脉冲。脉冲的节奏越快，精力就越集中。这些脑电波频段可以看作是大脑思维的“挡位”。

1 挡：脑电波慢速活动（大脑发出 θ 波）。通常出现在睡眠及空想时，注意力完全集中在自身内部。

2 挡：脑电波中速活动（大脑发出 α 波）。警惕性放松，注意力主要集中在自身内部，但准备开始活动。

3 挡：脑电波快速活动（大脑发出 β 波）。精神集中并且大脑在思考难题。

4 挡：脑电波超速活动（大脑发出高频 β 波）。注意力高度集中且易于产生焦虑。[1]

在 1 挡和 2 挡状态下有利于进行创造性思考，并且能很好地利用直觉，因为这时你能深入自身潜意识，还能结合来自不同脑部区域的想法。而在 3 挡和 4 挡状态下，有利于进行逻辑性思考以及高度专注于特定事件。

---

❶ α 波、β 波、θ 波与高 β 波是大脑在不同状态下发出的脑电波。脑电波是一些自发的有节律的神经电活动，按其频率的不同划分为四个波段，即 δ（0.5 ～ 3Hz）、θ（4 ～ 7Hz）、α（8 ～ 13Hz）、β（14 ～ 30Hz）。根据大脑状态的不同把 β 波再细分为 Smr 波、βl 波（低 β 波）、βh 波（高 β 波）。——译者注

保持专注

在本书后边部分，我们将会了解到如何利用“自主控制的冥想”来帮助你做选择，但当你真正在分析或者解决某个特定问题时，你必须要集中注意力。为了帮助你保持精神集中的状态，下文列出了需要控制的三个主要方面。

果断

你需要知道，何时须立即做决定而何时最好花时间思考——像是调整相机上快门的快慢。如果你感觉被一堆选项所困扰，不要试着盲目地贸然行动，也不要一味地拖延。请参照本书第 3 章的“专注于解决方案”一节来找到一种解决困扰的方法。问问自己现在去决定或行动是否正确，还是再等等，全面考虑各种可能性。如果你真的准备好立刻去解决问题了，将状态调到 4 挡……并向前冲吧。

恒心

不是所有的问题都能立刻得到解决。像有一些困难，你需要时间来想个对策，并且对其长期保持关注。适当的时候，每时每天或是每周都留出时间来集中精力解决你的问题。

避免每次都毫无进展，每次“集中”都应该比上次更进一步。在各个“集中”之间，你的潜意识将持续关注这个问题，并且留意任何可能相关的新信息。

目标

想要保持精力高度集中的状态，特别是在你做复杂的任务期间，你必须排除周围环境的干扰来专心做你的任务。

无论多小的事都会打断你的思绪。例如，收音机播放的一首歌曲，可能会在你脑中久久环绕，刺激你产生一些随机的想法或者记忆，之后可能会唤起你的某种情绪，然后引出更深的思绪。

学会注意自身的精神什么时候开始游离于任务，特别是向更不利的一面发展。一旦出现这种迹象，告诉自己停止胡思乱想，并将注意力转移到手头的任务上。这个方法定会奏效，因为你无法同时想两件事，“停止”会让你中断游移的思绪，重新回过神来。为了有更好的效果，你可以在手腕上绑一个橡皮筋，每一次意识到应该停

记录日常节律

我们大部分人会在一天当中的特定时段保持良好的专注状态。如果你不知道哪个时间段最适合自己，试试这个练习。在本子上记录你每日在特定时段的集中程度。从1（完全无法集中）到7（全神贯注）给自己的专注力打分。每天记录在单独的一页，避免被你先前的评分影响。当你记录了至少一周后，回头看看你自己的记录并找出最适合自己的时间段。

止乱想时就用橡皮筋轻轻弹一下自己。如果不能立即达到很好的效果，也不要担心，学会这种技巧可能需要多次尝试。假以时日，你会越来越擅长的。

你的专注类型

当面对一个陌生的挑战或者难题时，大多数人趋于用两种截然不同的方式中的一种来集中获取信息。每一种方式都有优缺点。你可以通过对下列问题回答 A 或 B 来发现自己偏向哪种类型。

判断自己的专注类型

1. 当选购电子产品时，我选择的依据是：

A. 浏览商品评论并且仔细对比产品特点。

B. 选择外观或感觉上最吸引自己的。

2. 当选择度假地点时，我通常会：

A. 花时间来深入研究。

B. 选择引我注意的地点。

3. 在制订行动计划时我会：

A. 制定详细步骤来完成我的特定目标。

B. 知道自己的大致目标并且在完成过程中寻找最佳方案。

4. 我在知晓以下哪种情况时最开心：

A. 达到特定目标的唯一最佳方法。

B. 多种可供选择的方法。

5. 在解决一个复杂问题时，我会：

A. 一步一步，循序渐进。

B. 统揽全局。

6. 我坚信生活中最重要的是：

A. 完成自己的既定目标。

B. 探索无限的可能性。

7. 当我在向一个目标前进时：

A. 按照详细的计划进行。

B. 边前进边想办法。

8. 我倾向于学习事物的方式是：

A. 深入学习并且掌握规律。

B. 通过尝试和犯错来习得。

9. 如果在家里找不到某样东西，我会：

A. 有条不紊地寻找可能有的地方。

B. 快速搜索最有可能找到的地方。

10. 在解决问题时，我会花时间去：

A. 研究问题的所有细节。

B. 尽可能想出多种不同解决方案。

数一数你答案中的 A 和 B 各有多少个，然后看看下面测试结果解析。

专注类型的意义

如果你选择的 A 选项比 B 选项多，那你的专注类型是“探路者模式”。如果你的 B 选项比 A 选项多，那意味着你的专注类型是“飞行员模式”。如果你两种选项数量相近或者相同，那你可以根据不同问题或决定调整专注类型。理想的情况是精于两种专注类型，这也能促使思维更加灵活、更富有创造性，并具有高度的适应性。

探路者模式

探路者模式是采用一种有条理的、循序渐进的方法来收集信息，并且注重细节方面。这种风格在有需要去发现一些因素或者有足够的时间时，效果最好。它对解决技术问题和“聚敛性问题”（参见第 3 章“聚敛性问题与发散性问题”一节）最有效，这些问题只有单一或少数的解决方案。

这种模式的主要缺点是，它让人期望只有一个解决办法就好，但实际上可能有多种。

“探路者”模式的步骤是：

- 收集尽可能多的信息。
- 借鉴他人是如何解决类似问题的。
- 列出所有你可能选择的选项并且标明它们的利弊（见第 4 章）。
- 制订完成目标的每一步计划。

飞行员模式

飞行员模式倾向于以更高的视角、更宽的视野去收集信息，比较依赖直觉、本能和预感（通常是基于过往的经验）来寻找更多的可行性方案。飞行员模式适用于“发散性问题”（参见第 3 章“聚敛性问题与发散性问题”一节），一般会有好几个可用的解决方案。

这种模式通常会找到比较新颖、有创新性的解决方案。它适用于在可用时间较短、规律会变化且常常有新选择出现时。

飞行员模式的短板是，在你只有少数几种解决方案但实现的途径并不明显时，这种模式无法帮你确定需要采取哪些步骤。

飞行员模式的步骤：

- 统观大局，获取对可行性方案的大体概览。
- 利用创新的技巧（见第 2 章）来发掘尽可能多的解决方案。
- 一开始以接近目标为行动方针，然后再重新考虑自己的选择。
- 相信自己，并觉察到你对某个选项的直觉通常会带来最好的决定。

在本书第 3 章和第 4 章中有关于提高探路者模式下的技能的窍门，第 2 章则有关于精进飞行员模式下的技巧的指导。

多任务模式的时机及方式

忙碌的生活使我们经常需要同时处理多个任务。多任务处理是一项有用的技能，但我们也需要学会识别什么时候执行太多任务可能会干扰我们的注意力，反而无法快速、有效地完成工作。

对思维的矛盾要求

做日常例行工作的时候，采用多任务模式，同时做几件事并没有什么困难，但是在处理十分重要的，并且耗费脑力的工作时——比如做一个改变人生的决定，写工作报告，或者帮助孩子做家庭作业——多任务处理的效果可能会适得其反，欲速而不达。如果试图在同一时间做太多事，甚至是快速连续地做，会导致注意力水平下降、注意力不集中、记忆力受损，并且经常容易出错。

失败的主要原因在于，进行多任务处理时会将大脑的处理能力分散到不同的活动中，大大降低了其工作效率，尤其是当多个任务的要求非常相似时。

大脑的不同区域专门负责不同的活动，比如听、看、运动和语言。当两个或更多不同的任务要求大脑进行同样的思维模式时，会涉及相同的大脑区域；这种多任务处理是最困难的，也会导致很多问题。例如，尝试同时参与两个不同的谈话（相互冲突的听力任务），一边阅读一边打电话（相互冲突的语言任务），或者尝试一边揉自己的肚子，一边拍自己的头（相互冲突的运动任务）。

高效处理多种任务

下面这些实用的技巧可以帮助你同时应对两项或更多的任务，同时还能让你在每项任务中思维都能达到较高水平。

- 不要把需要相同技能的任务混在一起（比如开车时拨打电话，因为这两者都是运动任务）。把需要不同技能的任务混在一起一般不大要紧（比如边开车边听音乐，这是一个听的任务加上一个运动任务）。

停一下！

下列情况下，要避免将可能会冲突的任务搅在一起：

- 当你需要拿出优异的表现的时候，例如在准备一项重要工作。
- 当避免犯错尤为重要的时候，比如开车。

- 如果你喜欢在阅读或写作时听音乐，试着只听纯音乐，不要让自己的语言处理区域有额外的负担去处理歌词。或者，可以收听外国电台，外语的歌词和讲话可能不会太让人分心。
- 当你结束了一个重要的任务马上要进行另一个重要任务时，要休息休息，让大脑清醒一下。或者，在复杂的脑力工作之间穿插一些简单的日常活动，比如散步或洗碗。

设定优先顺序

为了做好事情，我们需要有效地集中利用我们的脑力和体力。专注于至关重要的任务、避免分心的最好方法，是分清轻重缓急，而不是兵来将挡，不管遇到什么事情都马上做出反应。

工作与家庭，休息与娱乐

在开始任何任务之前，先提醒自己生活中最重要的事情是什么。如果与你自己的价值观或信仰不一致，那么寻找非常实用或创造性的解决方案就没有意义了。

我们所做的或想要做的事都可以分为四类：

- 工作（包括慈善工作和做家务）。
- 人际关系与家庭。
- 爱好与休闲（包括能为你带来乐趣的学习）。
- 健康（包括精神上的活动，例如冥想或瑜伽）。

哪一项对你来说是当前最重要的呢？哪一项是你人生中最重要

的？每周在不同方面花费的时间是多少？你可能会惊奇地发现，你在某一领域内花费了大量时间，但它与你生活的主要目标没有什么关系。

最重要的是什么？

很多时候，优先级是由最需要关注的事情决定的，比如日常工作、支付账单和回应他人的请求。你可能会过度反应，就像一个人站在投球机前，疯狂地击球，却没有时间停下来做任何其他动作。当生活把紧急但不重要的任务推给你的时候，那些不紧急但可能让你的人生变得更丰富多彩的活动却被忽视了。

划分改善生活活动的优先级

下面的图表包括四类任务，根据任务的紧急程度和改善生活的程度进行分类。为了帮助你规划优先级，你需要给自己制作任务图表。把一张纸分成四份，在标题下列出你的每项任务。

任务图表	
紧急并能丰富人生	紧急但不丰富人生
不紧急但丰富人生	既不紧急也不丰富人生

对于每一项任务，在将其添加到图表里之前问自己以下问题：完成这项任务将如何帮助我实现生活中最重要的事情？

把你的图表放在容易拿到的地方，每完成一项任务就打个钩。当然，你不可能总是回避那些紧急但不能丰富人生的任务，但是要确保这些（或者更糟的既不紧急也不能丰富人生的工作）不是唯一勾选出来的。腾出时间去做对你真正重要的事情。

第2章

全新视角

FRESH PERSPECTIVES

以创新性的途径来解决问题，能够帮助你可以考虑出最多的可能性。通过解放思想，让想法有时间变得更成熟，你可能会自然而然地找到解决问题的方法。头脑风暴，或者是其他形式的创造性思考，能够帮你解放思想，考虑那些曾被忽视的方法，并且对事物有全新的见解。

你也可以通过利用你的潜意识和直觉来培养你的创造性思维能力。我们太习惯于借助语言进行思考，以至于常常忽略了，我们也可以利用一些强大的非语言思考方式。这些富于想象力的技巧，可以为得到有效的答案和决策提供理想的基础。

心智训练

从理性思考到睿智行动

---

think
smart
act
smart

How to Make Decisions and
Achieve Extraordinary Results

培养创造性

一般，我们认为逻辑思维跟所谓的智力相关，而创造性思维则跟所谓的智慧相关。如果你对特定领域有着丰富的经验，此时如果大脑中出现一个想法，或是看到某个现象，就有可能激发出激动人心的创造性观点。

丰富的思维结出的果实

在关于创造力的大多数书中，作者都将其描述为一种有组织的、潜意识的活动，而不是逻辑决策所采取的那种结构化的、有意识的形式。人们经常说某人“想象力丰富”，或者某一情况“充满了各种可能性”。

就像一颗种在肥沃土壤中的种子，创造性的想法在善于接纳、不受限制的心境中才能茁壮成长。你可以把这看作是一个孕育婴儿的过程。它可以分为三个阶段。

- 构思阶段：找到一个有趣的疑问、困惑或难题。
- 孕育阶段：不要试图强行思考出答案，让这个创造性的过程顺其自然地发生。
- 诞生阶段：空出时间放松，以便能接收新的思想。

一种创造性的方法可能会让你找到一个新颖的解决办法，但是要实现它可能比仅仅从一系列已有选项中进行选择并遵循逻辑路径更加困难。此外，这么做通常需要更多的时间，因此创新性的思考最好是慢慢来。然而，头脑风暴是一个例外。

培养创造力

虽然创造性思维不是一个简单的循序渐进的过程，但是你可以使用一些技巧来引导自己进入状态，并提高你萌生创造性想法的概率。

要时刻准备好。在你的床头、车里和房间里都放上记事本。好主意不仅仅是在书桌前产生的：它们实际上更有可能在你的主动意识正在思考其他事情的时候浮现出来。

遇到问题无须着急，可以留到第二天解决。通常，当你醒来的时候，你对问题会有新的见解。

记下你做的梦。我们每晚都会做好几个梦，但当我们醒来时，很快就会忘记这些梦。通过记下你做的梦，你更有可能记住它们。

做运动。许多人发现他们最棒的想法都是在健身时想出的。试着去散步、游泳、骑自行车……或者任何“劳其筋骨”但能自由思考的事情。

放轻松。在放松的时候最有可能产生新奇的想法；相反，研究表明，人们的工作压力越大，他们的思维就越僵化。

头脑风暴

“头脑风暴”这种思维方法最初是在 20 世纪 30 年代由一位广告主管提出的。自那以后，它就成为在商业领域中解决问题的通用方法。虽然这种方法最初是设计出来供团队使用的，但事实证明，如果是个人使用会更加高效。

循序渐进进行头脑风暴

头脑风暴包括两个步骤：首先是简单地提出尽可能多的想法；其次是对这些想法进行评估。

留出至少半个小时自己能放松且不会被打扰的时间。写下（或打印出）50 到 100 个你能想到的可行性解决方案或想法，无论多么疯狂、古怪，都写下来。在能引起特别积极的情绪反应的方案旁边加一颗星。在这个阶段，对想法的要求是求量不求质。因为一旦停下来进行细致思考，就会妨碍你的思路，并可能导致你错过一个不是显而易见，但最终是最优的答案。

一旦你穷尽了所有可行的方法，回顾下你的清单，特别注意其中带星号的那些。试着给这些想法打分，从 1（无用）到 7（极好）。

最后，浏览一下所有得到 6 或 7 分的想法。可能会有一个明显胜出的答案，但也要保证你考虑到了其长远的潜能。那些让人感兴趣但不可行的想法，是否能跟其他结合起来创造出一个更好的方法？或者，某种想法是否可以通过放大、细化甚至是换一种风格来加以改造？

视觉化思考

大脑的许多部分，包括大部分的右半脑和潜意识，都以图像和模块化的方式而不是语言来思考。当面对一个问题或选择时，拓展一下大脑的形象化能力，让它们发挥一下作用是个不错的选择。

受控的空想与可视化

我们的文化主要侧重于通过语言表达思想。然而，我们常常忽略了另一种强大的思维方式：我们的视觉化想象力。通过可视化产生的想法不仅对创造性思考有所帮助，对情绪管理和制定目标也很有用（见第 5 章和第 6 章）。

当你处于非常放松的状态时，你的大脑就会降到 1 挡（见第 1 章“高效专注”一节），在这一挡，你的注意力会内敛，进入睡眠和梦境，大脑产生的脑电波有助于产生形象思维。这是一种理想的状态，使你能够接收从内心深处涌出的创造性想法。

潜意识似乎通过图形和意象与大脑交流。大脑中产生的这些意象并不是完全随机的，也并不只是重复你刚刚看到的东西，而是有可能充满了意义。它们可以非常有效地快速将一些复杂且具体而细微的想法打包在一起。

你可以有意识地探究这些图像：当你处于空想或是进行视觉化思考时，深入你的潜意识，试着留下那些看起来有作用或有意义的图像。当你回到正常清醒状态时，你可以更详细地思考它们的意义。

开启你的视觉化思考

视觉化思考和其他技能一样，练习得越多，它就变得越容易。可以试着画画，让自己保持思绪游离的状态（如果觉得自己“不会画”，不要担心），你也可以只是在脑海中产生图像。或者，尝试以下方法来开始这个过程。

- 放松，闭上双眼。因为并不是打算入睡，所以尽量坐直，或者设置一个计时器，每五分钟左右提醒你一次。
- 闭上眼睛，轻轻地揉揉眼皮，好似自己很累一样。这样会产生光幻视——由于视网膜上的压力而产生的视觉效果。问问自己这些闪过的图像让你想起了什么。
- 盯着一扇窗户，或者其他光线明暗对比强烈的区域，然后闭上眼睛。这会产生一种余象。专注于图像，并任由它演变成其他图像。
- 坐在能够看到天空的地方，看看云，放松一下。慢慢地让你的想象力根据云的轮廓开始塑造形象。

记录所见

心理学家温·威戈（Win Wenger）博士证明，大声描述你在脑海中创造出来的图像有助于强化它们。他建议从你想要问你自身潜意识的特定问题开始，闭上眼睛，等待图像的出现。然后对着录音机，或是对另一个人描述你所看到的图像的细节。也试着概括一下你其他感官的感受。

科学界中的“幻想家”

并非只有艺术家才会利用他们的想象力或白日梦，一些伟大的科学家也用这种方式解决了问题。例如，托马斯·爱迪生（Thomas Edison）生前常常在一间昏暗的房间里拿着记事本坐着思考。而据很多报纸的报道说，弗朗西斯·克里克（Francis Crick）在研究DNA结构时，可能也借助了类似的冥想办法。阿尔伯特·爱因斯坦（Albert Einstein）进行过多次他所谓的“思维实验”——例如，想象自己在一束光上旅行，引导他想到了一些特殊现象，进而提出了相对论。

化学家奥古斯特·凯库勒（August Kekule）在梦到一条嘴里咬着自己尾巴的蛇后，发现了苯的环状结构；而工程师尼古拉·特斯拉（Nikola Tesla）有一项惊人的能力，他可以对正在研究的发明进行视觉化思考，借此准确判断该发明是否可行，而无须把实际的东西建造出来。

进行视觉化思考的时候，很重要的一点是，在完成视觉图像的创建之前不要对其进行分析，否则你的一些假设可能会参与进来，扰乱你对图像的创建。

通过记录下视觉化思考的过程（如果没有同时录音的话，可以在之后立即做笔记），你以后可以查询参考。你可以保存你的录音或笔记，把针对特殊问题的“答案”都有条不紊地记录下来。你也能用此方法来记录同一问题的多个视觉化思考过程，从而建立一系列的视角以及可行的解决方案。

充分利用直觉

直觉，就像创造力一样，是由潜意识驱动的，经常显得不可理解，充满神秘色彩。与大多数类型的创造性思维不同，直觉通常一闪而过，给你留下的是瞬时的信息。

只是感觉吗

当第一次处理一个问题或做出决定时，通常会产生即时的本能反应。然而，你可能会忽视这种感觉，因为你不知道自己是如何产生这些感觉的，也难以从逻辑上论证它们。虽然不能完全放弃逻辑，但多多关注这些最初的直觉是很有用的，因为研究表明它们往往是对的。

直觉更多出现在你已经有丰富经验的领域。例如，我们都习惯了与人互动，所以毫不奇怪，在这方面我们会有最强烈的直觉，像是喜欢或不喜欢、信任或不信任。同样地，在某一特定领域积累了大量知识的专家，往往能够利用他们的经验，在潜意识中做出非常快速和准确的判断。

是否相信直觉

你的潜意识能比意识吸收和合成更多的信息。所以在复杂的选择中，首先要听从你的直觉；而在简单的选择中，首先要尝试运用逻辑推理能力。另外还有两种主要的情形，你需要谨慎对待直觉：第一，如果你处在强烈的恐惧或欲望当中，这些会影响你真正的直觉判断；第二，当你面对一些你很少或没有经验的事物的时候。

如何充分利用直觉

第一步

寻找稍纵即逝的第一印象，它们就像蝴蝶一样掠过你的意识。通过练习，让你的注意力像网一样，抓住这些感觉。当你的情绪反应与当时的情况不匹配时，要特别注意。

第二步

质疑自己的第一印象。是什么触发了它？出于什么原因？为什么是潜意识捕捉到了细节，而在意识层面，你却没有注意到它的重要性？

第三步

问自己一个问题：如果我相信这种感觉并据此行动会有什么结果？

第四步

检查你的假设问题，并确保你的回答不是由于错觉产生的。我们将在第 4 章“了解风险”一节看到，“感觉正确”这种直觉反应有时可能是基于错误的信息。

创造性再评估

在着手解决问题之前，有必要花时间去再评估一下。通过不同的思考方式，您可能会发现一个全新的视角，这可能会产生更加惊人且简洁的方法。

极简答案

我们都有过这种经历，当看到一些新的发明或解决方案时，我们会说，我怎么就没想到呢？即使是复杂问题的解决方案，常常也会出奇的简单，而且许多特别优秀的办法，事后再去看就会发现其实它们都是显而易见的。尤其是把某个领域的想法移植到另一个不相关的领域中往往会是这样的——当我们把明显不相关的因素关联起来时，创造性思维往往会涌现出来。例如，一位名叫珀西·勒巴伦·斯宾塞（Percy LeBaron Spencer）的工程师在一个发射微波辐射的军用雷达系统附近工作时，注意到口袋里的一块巧克力融化了，受此启发他发明了微波炉。

新视角

决策过程中的大多数错误不是逻辑上的错误，而是最初感知上的错误。所以从不同的新视角看待事物是一项必不可少的技能。如果你通常使用“探路者”（见第 1 章“你的专注类型”小节）的思考方式，这项技能将特别有用。通过采取不同的观点，你能找到一个你从未想到过的答案，或者你会发现问题完全消失了。

一些引导性的问题

为了帮助你能从新的视角看待问题，试试下面的一些建议。

是否存在问题?

如果不把它看作是个问题，你会如何看待自己的处境?把这种情况视作幸事的人会如何看待它?尝试罗列出消极情境下所有的积极方面。

是否存在有用的联系?

是否存在一个与你的问题相关的因素，单独看待它的话，可以引导你走上一条或许更有成效的新道路。

其他人会如何看待这种情况?

数学家会如何解决此问题?艺术家呢?

孩童呢?过去的人呢?或者是不同文化背景下的人?

对立的真的就是对立的吗?

我们倾向于把对立的事物划分开来，但如果假设它们是相似的，你的看法会有什么变化呢?

书籍有帮助吗?

图书馆和书店是思想观念最集中的地方(除了互联网之外)。浏览任何能引起你注意的书，问问自己这些书和你的问题有什么关系。

第3章 分析选择

ANALYZING OPTIONS

分析你的选择，是做出正确决定的关键所在。例如，如果你面临一个问题，重要的是要弄清楚这是什么类型的问题，它是否在你的控制范围内，以及随着时间的推移它会如何变化。

然而，如果你的假设从一开始就不成立，那世界上的所有逻辑道理，甚至是使用超级计算机，都将毫无作用——你的思考的含金量与你最初的推理所基于的信息的含金量挂钩。虽然我们通常认为自己在决策的过程中进行思考，但实际上我们只是在利用过去的经验来指导自己，或者自动地对我们周围的线索做出回应（我们自己并没有意识到！）。正如艾纳伊丝·宁（Anaïs Nin）所说的：“我们看不到事物的本来面目，我们只看到自己想看到的。”本章将帮助你辨别你自己的思考当中存在的偏差，以使你的认知与推理更清晰。

心智训练

从理性思考到睿智行动

think
smart
act
smart

How to Make Decisions and
Achieve Extraordinary Results

聚敛性问题与发散性问题

做一个成功决定的关键之处，在于认清你所面临的问题或挑战的类型。你需要问问自己是否有一个特定的目标，或者有不止一个满意的解决方案。这将理清你的思路，帮助你做决定。

聚敛性还是发散性？

如果一个问题只有一个解决方案，或者只有有限的几个解决方案，而一个答案要么是对的，要么是错的（例如，“2 + 2 等于多少？”“哪家航空公司直飞芝加哥？”），这个问题被归为聚敛性问题。如果有很多可能答案，但没有唯一的最佳答案（例如，晚宴上应该上什么菜），这就叫作发散性问题。

永远要记住，发散性问题比聚敛性问题多得多。如果一个问题并不是聚敛性问题，而你认为它是，那么做决定就会比原本困难得多，而且你会浪费大量的时间和精力，带着很多烦恼在众多选择中寻找解决方案，而实际上需要的只是某一个解决方案。

在第 1 章中描述的两种集中精力的办法将在这里发挥作用。探路者模式是一种系统的、循序渐进的方法，最适合于聚敛性问题。而飞行员模式则是解决发散性问题的最有效方式，因为此模式的视角更广泛，也更多地融入了直觉因素。

分析聚敛性问题的选项

解决聚敛性问题的诀窍在于要迅速排除掉“死胡同”。想象一下，两个步行者，从同一点出发，两人竞赛冲向山顶。对于这个挑战，每个人采用了不同的路径。

采用飞行员模式的人一开始就会挑选能尽快接近山的路。而采用探路者模式的人会先查看地图，并在地图上画出他的整条路线，结果他发现在他们和山之间有一条宽阔的河流。而他的那位竞争者只有到河边才会发现，然后再重新思考他的路线。探路者会采取相反的行动，在开始的时候离山越来越远，因为他知道他要去的地方是能横跨河流的桥。

对于这样的聚敛性问题，目标或解决方案是有限而又具体的，采取探路者模式是比较成功的。

事先花时间收集所有关于路线的必要信息，避免了在进入死胡同和返回起点上花费时间和精力。

方案树状图

因为大多数问题都没有现成的地图，所以你可以画一张方案树状图来充当地图，这样可以帮助你找到通往目标的道路。

勾勒方案树状图，你需要：

- 描绘一处起始点（例如一个写着“开始”的框）。
- 为每个选项画一个框，然后将它们与起点连线。
- 对于每个选项，制订一个可行的下一步计划，为它画一个新的框，并用一条线连接两个框。
- 持续添加更多可能的步骤，直到你想不出来为止。

这个过程应该凸显所有“死胡同”，并为你提供可行的路线。举个简单的例子，关于爬山比赛的问题可以画成这样：

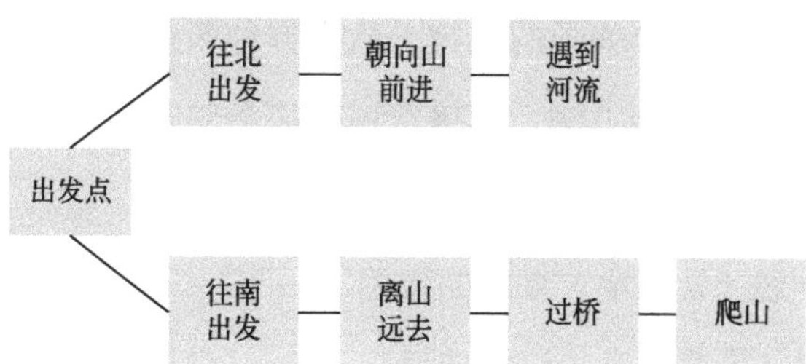

方案树状图的进一步用法

方案树状图在只有几个选项的情况下最好用，但下文假设的难题说明，树状图还可以帮助确定通往解决方案的更多路径。难题如下。你正处在一个沙漠营地，你需要分享你所拥有的水。你有一个装满 5 升水的容器和两个空容器：一个能装 10 升，另一个装 3 升。你如何往 10 升容器中正好倒入 2 升水？

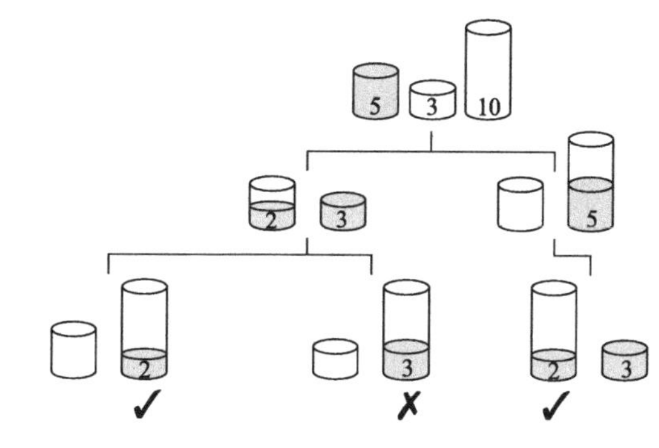

处理发散性问题

如果你在处理一个问题，这个问题有许多种可行的方法比如，去哪里度假，买哪个牌子的电视，从事哪种职业，那么成功的秘诀在于用飞行员模式的方法。不确定该走哪条路时，慢慢摸索着做出你的决定。

提出问题（见本章“提问的作用”一节），列出赞成意见和反对意见的清单（见第4章“权衡选择”一节），尝试创造性地发掘，来帮助你迈出第一步。在这时，有些选项行不通，其他选项行得通。当你做出了适当的最终决定时，重复这个步骤。

进行创造性的发掘

这个技巧是飞行员模式的一种改良，即从一个小问题开始，看看有什么解决办法。创造性的发掘是指从一个大问题中提炼出最明显的部分，再重新审视问题，如果解决方案仍然不明确，就将这些部分分解为更小的板块。继续下去，直到出现一个答案。

假设你正在计划全家的度假。

从最一般性的解决方案开始：列出一些能满足每个人基本需求的目的地。然后问问你自己，还需要满足谁的愿望，你现有的选择中是否还可包括更多的选项。

例如，如果你的目的是观光度假，比较在意有没有靠近海滩的地方可以让孩子们玩上几天。继续下去，直到你满足了尽可能多的需求。

一个维恩图，就像下面这个图，可以帮助你做出决定。为你的每个标准画一个圈，最好的解决方案将处在中央部分——所有的圆相交的地方。

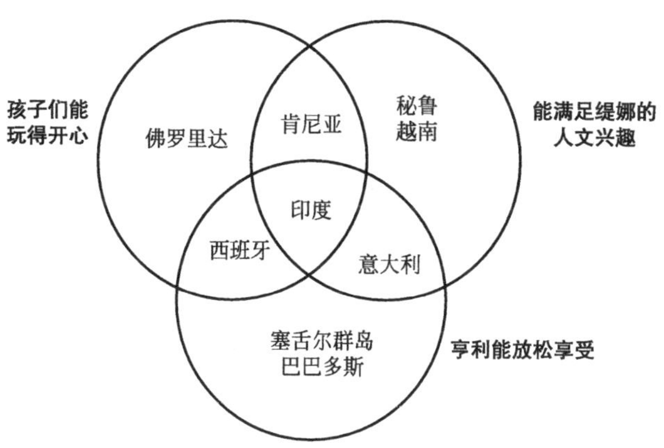

专注于解决方案

想要穷尽思考问题的原因会妨碍你得到答案。在一种被称为“聚焦解决方案短期疗法”的治疗方式中，从业者质疑剖析问题的必要性，取而代之的是分析解决方案。以下是几种可行的方法。

像变魔术一样……

想象一下，你明天一觉醒来，发现你的问题毫无预兆地神奇地消失了。你如何发觉这种情况发生了？想象一下一天中你要做些什么，列出所有不同的事情，无论事情多小都列下来。

这种技巧不仅仅是一种假想。通过设想未来生活的细节，超越当下的“停滞点”，你可以解放你的思维。也许会找到一个新的视角，帮助你减少问题，甚至完全避免它们。

强调积极因素

问问自己：“有没有这种情况，我想要的结果已经发生了?”例如，如果你的孩子尿床，问题的焦点应该是：“我的孩子哪天晚上不会尿床?”如果你需要赚更多的钱，试着问：“我什么时候赚了更多的钱?”或者从另一个角度看：“我什么时候对我挣到的钱感到满足?”如果你能找出任何与你期望的结果相关的因素，无论多小，都要在此基础上努力。

控制的局限性

有这么一个老笑话：“每个人都抱怨天气，但从没人去针对它做点什么!”尝试去改变天气固然很荒谬，但我们常常对不可控因素和不可控的能力持有同样不切实际的信念，以为自己能够控制得了。

你的底线在哪里?

我们做不到却经常试图去控制的有这些：

- 他人的行为。
- 他人的思想和感受。
- 事件的最终结果。
- 我们自己的情绪。

不要慌张！

我们许多人在面对问题时都感到焦虑，从而停滞不前。如果你曾经遭遇过这样的困境，下面的建议可以帮助你摆脱这种感觉，重新行动起来。

尽量不要让你的想法随意发展，比如，如果我把这个项目搞砸了，我就会失去工作，我就付不起房租，我就会失去我的房子。使用“停止”技巧（见第1章“设定优先顺序”一节），将这种想法在初期遏制住。

写下问题和任何附属问题，尽可能地理清它们。看到它们的坏处和好处，可以帮助你识别问题的限制，使它不那么令人畏惧。

把问题分解成最微小的组成部分，只处理其中的一两个。完成这些任务可以让你觉得自己有所进步，并让你摆脱麻木的状态。

为了快速缓解压力，可以做一些运动，比如快走或跑步。运动可以降低你的压力，促进你的内啡肽（让你感觉良好的激素）分泌，改善你的情绪。

我们也许能够影响和处理这些因素，但我们最终永远无法真正操控它们。

我们能够控制的是：

- 我们自己的行为。
- 我们自身的态度。

列出你的问题中你能控制的和不能控制的要素。只专注于你能控制的方面。你甚至可以把这些要素按 1 到 7 的等级排列，1 是最容易的，7 是最难的，关注那些等级最低的。

提问的作用

当分析一个问题时，最好的方法之一就是向自己或他人问很多问题。

这是可行的，因为你或其他人以前可能遇到过类似的情况，并能想出好的解决方案。

直指核心

通过回答下面四个基本问题，尝试分析你关于问题的假设和解决方案。

- 为何会有这个问题？
- 我为什么把它当作一个问题？
- 使用这种方案会有什么影响？

- 这个方案能够做到而其他方案做不到的地方有哪些？

用这些提问把你的问题细化成基本的要素。举例来说，如果你的问题是要不要买一辆新车，你可以先开始问问自己："我为什么想要一辆车？"最有可能的三个回答是：

- 去上班的交通工具。
- 想要更无拘无束的自由。
- 渴望获得一种地位的象征。

所以，与其将你的问题想成"我想要一辆新车"，你可以将真正的问题变为"我想要一个更便利的上下班方式"，或者"我想要生活中更自由的感觉"。

通过将问题还原到最基本的层次，你就可以有更多的选项来寻找解决方案。比起将你的目标局限成"想要一辆新车"，你可以将目标重新定义，比方说，"寻找上下班更便利的交通工具"，这可以让你考虑更多的选择，比如坐出租车、公交车或者是火车，或者买一辆自行车，或是搭同事的车，或其他办法。

> 如果你不懂，就去问。你也许会当一时的愚人，但日后会是一世的智者。
>
> **——塞涅卡（Seneca，公元前 4 年—公元 65 年）**

通过提问进行分析

当思考接下来如何最好地解决一个特殊问题或实现某个目标时，进行以下分析。

- 问问你自己："我有哪些潜在的原因或需求？"
- 使用头脑风暴（见第 2 章"头脑风暴"小节）来思考其他方法以满足需求。
- 看看你在头脑风暴中想到的方案有没有比你最初的想法更好、更容易或更合适的。

用这种方式提问，你可以避免追求一个过于宏大的目标，或者在一个简单得多的解决方案已经足够的情况下，死守一个耗时的行动过程。

不同的思考方式

以下有几种你可以用来解决问题或者做决定的逻辑推理方式。你所考虑的选项和所得到的结论会因为你用哪一个选项而大不相同。下面是几种常见的推理类型及其优缺点。

归纳法

从现有证据中得出大致的结论。下面这个著名的例子是科学哲学家卡尔·波普尔（Karl Popper）在 20 世纪 30 年代给出的：

“我只见过白天鹅，所以我断定所有的天鹅都是白色的。”

许多形式的统计抽样都基于这种推理。然而，这种思维模式的弱点在于，你不能用它来证明任何事情是真的，而仅仅是断言具有这种可能性。正如波普尔在文中所指出的，只要看到黑天鹅一次，就可以证明这个结论是错误的。

演绎法

得出由你发起的命题所隐含的逻辑结论。只要你的起始逻辑是正确的，你的演绎结论就一直都是正确的。举例来说：

“我的钥匙肯定要么在房子里要么在车里。我已经搜过车了，所以钥匙一定在房子里。”

问题在于，你可能对自己所定的出发点过于自信：你能确定你的钥匙只放在这两个地方中的一个吗？

模式匹配

将过去情境下的推理应用到看起来相似的新情况。与归纳法一样，专家们利用这种推理方式，根据他们丰富的经验快速找到答案。举例来说：

医生看到一个脸部红肿的病人，根据过去的知识经验，诊断为腮腺炎。

虽然这种推理方法可以像闪电一样快，但它依赖于清晰而准确的感知。它最好只用于处理与以前遇到过的非常相似的情况，并且是在不太可能出现新问题的前提下。

核查你的逻辑论据

错误的推理会导致错误的结论。因此，很重要的是，质疑自己是如何得出结论的，以及你所采用的全部逻辑步骤是否经得起推敲。下面几页将说明错误思维可能导致的一些陷阱。

认真思考……以及如何摆脱它们

我们很容易相信我们总能够合乎逻辑地处理问题，但事实上我们的推理往往不太可靠：我们可能陷入思维陷阱，并且无法逃脱。了解常见的思维陷阱，并知道如何避免落入陷阱或逃出陷阱，能极大地增强我们的思考能力。

思维陷阱 1：否认或是回避

拒绝处理令人不快的事实，要么否认问题的存在，要么回避去处理问题。

- **举例**　你陷入了债务纠纷，但你否认有任何问题；或者，虽然承认这个问题，但你避免采取实际行动来解决你的财务问题。
- **逃脱方式**　如果面对或接触真相让你害怕，你便很容易陷入这个思维陷阱。为了避免它，提醒自己，无论面对现实的感觉有多糟糕，否认和逃避都可能会给你带来更大的痛苦。冷静地重新评估所有事实。在完成任务后马上给自己一些小奖励，它便不会那么令人生厌了。

思维陷阱 2：是的，但是……

如果某个新想法行不通，你就为它想出各种各样的理由（不管多么虚假），而不是探索解决问题的各种可能性。

- **举例**　朋友邀请你去滑雪度假，你知道自己很喜欢，但你的大脑却提出了一连串的反对意见。“谁来喂我的猫？”“万一我在坡道上出丑怎么办！”

- **逃脱方式**　使用“PIN”法。首先，列出这个想法积极（P，Positive）的一面有哪些。然后找出任何有趣（I，Interesting）的东西，即使不是特别积极。最后，考虑负面（N，Negative）的影响或后果。“PIN”法使你能够突出积极的方面，消除或最小化任何消极的方面。通过询问自己来测试每项负面的因素。是真的吗？我有什么证据来证明呢？

思维陷阱 3：趋同思维

自动接受他人（即社会、朋友、家人、同事）的意见，而不先检查他们的设想是否正确。

- **举例** 几乎所有的陈述都是这样开头的："大家都知道……""正常的人都知道……""众所周知……"

- **逃脱方式** 不要假设，而是怀疑一切。问自己"我真的知道吗?"，而不是毫不犹豫地接受。在你听取别人对事物的看法之前，先考虑你面前现有的证据。

思维陷阱 4：选择性视角

试图让情况的"事实"与你先前得出的结论相一致。

- **举例** 你总是以积极的有色眼镜看待你爱的人或欣赏的人，觉得他们所做的每一件事都是对的。这种狭隘的观点也适用于物品和机构：一个想相信自己找到了一件稀世珍品的古董商可能看不到任何可疑的瑕疵，股东可能不会去质疑一家有信誉的公司的交易。

- **逃脱方式** 为了让你更加客观地去判断，你应该主动寻找与你的观点相矛盾的方面。记住，选择性视角是双向的：注意不要只看某人或某事的缺点。

思维陷阱 5：一意孤行

拒绝承认新思想的必要性。人们往往发现，一旦做出一个决定，就很难改变它，或者是很难放弃已经开始的行动，即使知道那是错的。

- **举例** 美国汽车制造商否认美国人愿意购买紧凑型汽车。

- **逃脱方式**　定期严格地重新评估你所有的关键假设。不要认为任何事情都是理所当然的。一个很好的策略就是和自己“唱反调”。你能在别人之前发现薄弱环节吗？你打算如何处理它们？愿意在必要时考虑撤销已做出的决定：这不是软弱的表现，而是有适应能力的表现。

思维陷阱 6：把问题过于复杂化

忽视最简单的解释或解决方法，而倾向于过于复杂或不太可能的解释或解决方法。

- **举例**　如果你在家里找不到一件东西，你就会认为被小偷偷走了，而不是想你只是把它放错了地方。
- **逃脱方式**　利用奥卡姆剃刀原理：“在一切条件相同的情况下，最简单的解决办法就是最好的办法。”

思维陷阱 7：并非我意！

仅仅因为是别人的想法就拒绝它。

- **举例**　你的孩子拒绝做一些他们通常不介意做的事情，仅仅因为是你建议他们这么做。
- **逃脱方式**　要让对方相信某个建议是他们先想到的，或者让他们把建议当成是自己的。如果你是那个对别人的想法感到不舒服的人，那就提醒自己，明智的做法是根据这些想法本身的优点采纳它们，而不是取决于这些想法是谁提出的。你也可以尝试调整这个想法，加入你自己的想法，让你感觉它更像你自己想出来的。

小象效应

我们所做的决定是建立在一系列已有的信心和设想之上的。但是，如果这些设想中有一些是不准确的，它们可能会不自然地迫使我们遵守不存在的规则，或者让我们认为我们可选的选项比实际情况更少。

是什么阻碍了小象？

从前有一只马戏团的小象，不在大舞台上表演时，就被链子拴在一根木桩上，其活动被限制在一个小区域内。当它完全长大后，可以很容易地挣断铁链或拉起木桩，但它从来没有试图这样做。为什么呢？当它又小又弱时，不可能拔起木桩或挣断铁链，也就根本不可能逃脱，这种所谓的习得性无助感会伴随着它的一生。

同样地，我们常常会因为假设那些实际上并不存在的限制，从而被自己的思想所阻碍。就像小象一样，我们可能以往遇到过这种限制因素，并且认为它们仍然适用。

错误假设

下面三个谜题很有趣，但它也有一个严肃的主旨：警示你不要因错误的设想踏入歧途或是忽视所有可能的方案。答案与解释在后面。

谜题一：连接金链

有个男人买了四条金链，想要把它们连在一起做成一条项链送给他的妻子。然而，他只能负担得起珠宝商打破和重新连接三个环的费用。该怎么做呢？

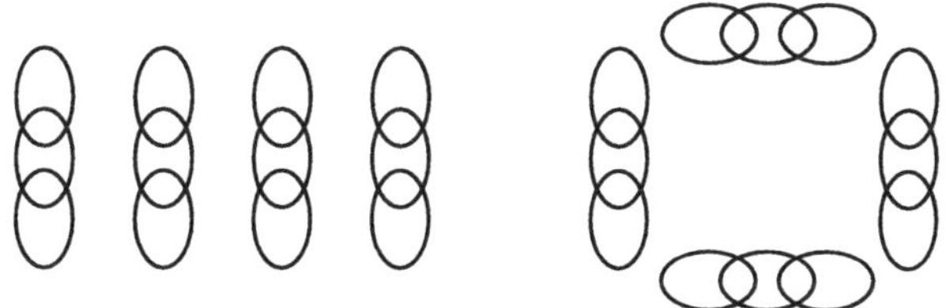

谜题二：硬币摆十字架

移动下图中的两枚硬币，来创造出一个长度和高度相等的十字架，所有硬币都要用到。

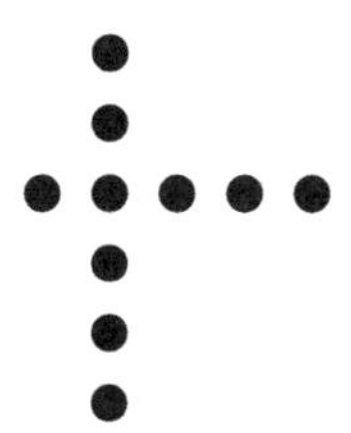

测试问题

以下是个能帮到你的练习，来测试一个设想或信念的准确性，需要回答以下三组问题。

①我的信念不合逻辑吗？它说得通吗？它经受得住质疑吗？

②我的信念极端吗？它是否符合对事实的客观评估？为了验证我的观点，我是否有意地去选择证据了？

③我的信念是坚定的吗？我是否认为，除非做一个特殊的决定或选择，否则一切都会毁掉？

下面用一个具体例子来说明这种提问策略是如何起作用的。

你正在考虑换工作，并且认为你目前的工作不仅让你心情沮丧，并且没有丝毫价值。你这么想是因为你的上司不喜欢你。你可以问问自己以下几个问题。

①我的想法不合逻辑吗？我的上司真的不喜欢我吗？

②这种感觉自己被讨厌的想法是否有点极端呢？我有什么充分的证据吗？

③我是否太固执了呢？是否只有我的上司一直喜欢我才能让我感到被重视和快乐呢？

你给出的答案可能会证实你的猜想，或者发现一个新的角度，拥有新的选择。

谜题三：走数字方格

将你的铅笔笔尖停在数字为 1 的方格上，不让笔尖离开纸面，连续画一条线，要经过每一个方格最后画到第 16 个方格。每个方格你只能进入一次。

1	2	3	4
5	6	7	8
9	10	11	12
13	14	15	16

下面是三个谜题的答案。

连接金链

将其中三条链子摆成三角形，将最后一个链子的三个环拆开。拆开的三个环分别连接在三角形的三个缺口部位。认为需要将四条链条摆成正方形的形状去连接起来，是一种错误的设想。

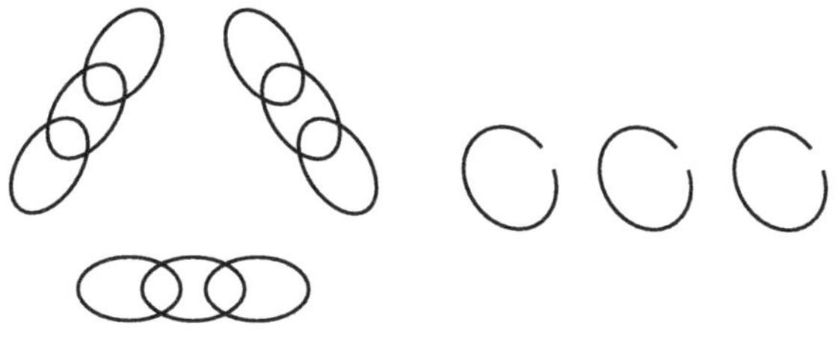

硬币摆十字架

解决方法是将其中一枚硬币摆在中间硬币的上面。许多人认为这个谜题很难，是因为他们觉得硬币只能一枚挨一枚地摆放。

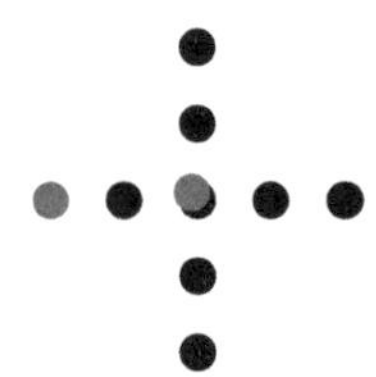

走数字方格

谜题中提示了每个方格只能进一次。如果你从第一格开始，“离开”这一格后依然可以重新“进入”一次，许多人忽视了这一点。

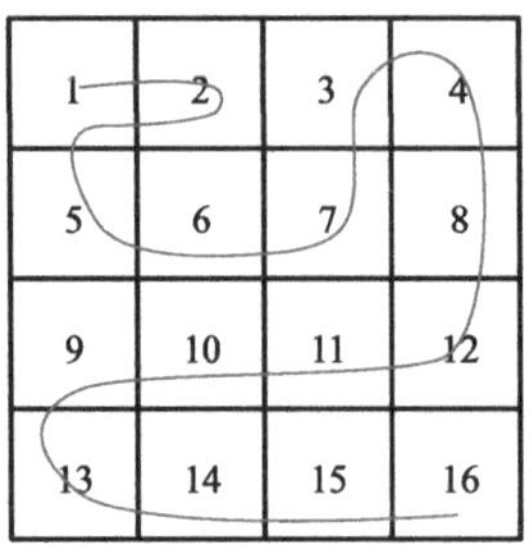

环境的变化和时间的流逝

有一点需要谨记的是，影响你决定的因素会有所变化。随着时间的推移，情形有可能改变，问题也可能由于背景因素的变化而一夜之间出现或者消失。

对于环境变化保持警惕

列出你所处环境可能改变的方式。你生活或环境中的哪些元素，一旦被移除或修改，将会完全改变问题，这些改变意味着什么？结果，你所处环境中的哪些因素会变得更重要或不那么重要？

密切关注即将发生的一切。哪些现存的微小因素在未来有可能扩大其规模和影响？特别要注意那些呈现指数级增长的因素（以越来越快的速度在规模或程度上增长，像“滚雪球”效应一样的效果——就像池塘里生长的藻类）。不同于线性增长的有规律的过程，指数级增长可以迅速改变整个环境。

由于许多行动可能需要数月、数年甚至数十年才能充分显示其效果，我们所做或未做的事情的最终后果可能难以预测或计划。一个重要的例子就是气候变化的威胁：我们今天的活动将如何改变我们留给子孙后代的世界？

这会永远变化下去吗

预估一种情况会持续多长时间，会影响你对此情形的看法以及针对它做出的决策。例如，如果你知道，你那十分讨厌的新邻居在两年内搬走的可能性很大，这就会影响你决定如何处理你们之间不断发生的争执。但是预测某一情况会持续多久到底有无可行性？

美国物理学家理查德·戈特（J. Richard Gott）对这个问题提出了一个有趣的观点。1969 年，戈特参观了柏林墙（建于 1961 年），并猜想它能屹立多久。由于他选择的参观时间并没有什么特别，他推断，如果他能把柏林墙的存在时间划分为四个阶段，那有 50% 的概率他处于中间两个阶段。基于这一猜想，他估计，柏林墙有 50% 的概率继续屹立的时间是已存在时间的三分之一到三倍（超过二又三分之二倍的时间，但不到 24 年）。实际上，柏林墙在 20 年后，即 1989 年被拆除。

戈特还估计，人类将继续存活 5100 年到 780 万年的概率为

95%。如此巨大的时间跨度是由于他要达到这个极高的概率。需要的准确性越高，需要的时间范围就越大。

选一个时间，任何时候……

你可以使用根据戈特的公式设计的时间计算器，预测一个物体或情况大约会持续存在多久，除了测试对象已存在的时间之外，不需要任何其他的信息。为了使计算有效，起始点不能是特殊的。例如，你不能在某个朋友结婚的时候用它来预测他们的婚姻能持续多久，因为你已经处在一个预先确定的时刻：起始之际。另外对于平均寿命较为确定的事物，比如人的生命，这个计算器也不适用。

这种计算适用于较短的时间跨度。随着时间延长到几十年甚至更长的时间，你只能做出不切实际的宽泛估计。

时间计算器

这个计算可以让你快速估计一个物体或一种情况可能持续多久，正确率达60%——比平均情况要好，而且不会产生不实用的很大的时间范围。

把你的目标对象或情况已经持续存在的时间（以周、月或年为单位）列出来。

乘以4得到最长的剩余时间。

除以4得到剩下的最短时间。

该方法可以应用的其他例子包括：

- 你的车还能开多久？
- 你所在的公司还能运营多久？
- （仅供娱乐的一例）目前排名第一的书 / 电影 / 单曲会在榜首停留多久？

虽然不是很准确，但这种方法肯定可以提供不同的视角，从而影响你的决策。

第 4 章

做出决定

MAKING YOUR DECISION

行事果断和有效，这二者密不可分。一旦你有了尽可能多的选项，考虑它们，并从不同的角度进行检查，你就能拥有所有必要的信息，并以这些信息作为决策的基础。本章将介绍一些有效而精准的技术，帮助你评估不同的选项。

做决定的时候也要评估风险。每个人对风险都有不同的态度。本章的练习可以帮助你确定自己的方法。还有一些建议可以帮助你消除那些影响你思考的普遍的偏见，并从他人的意见中获得最大的益处。

心智训练

从理性思考到睿智行动

think smart act smart

How to Make Decisions and
Achieve Extraordinary Results

权衡选择

当你面临的可能选项不止一个时，你需要做出选择。接下来的几页内容展示了几种方法，可以帮助你衡量这些选项。

利与弊

美国的开国元勋之一本杰明·富兰克林（Benjamin Franklin）发明了也许是最著名的决策方法：简单地列出每个选项的所有好处与弊端。把它们写下来可以帮助你理清它们相对的重要性。你还可以继续拓展这个方法，给每个积极或消极的选项打个分，然后把它们加起来，得出每个选项的总分。

可能性与可取性

要想衡量各个选项的相对吸引程度，一种更精准的方法是，根据两个因素对每个选项的可能结果进行评分：可能性有多大以及可取性有多高。

1. 根据你对某一特定结果可能性的估计，给每个选项以 100 分为满分来打分。0 表示“几乎是不可能的”，50 表示事件发生或不发生的概率相等，100 表示“近乎是不可避免的”。

2. 然后以 −7 到 7 为范围（0 表示中间程度），对一个选项的结果的可取性进行评估。

3. 将这两个数字相乘（可能性 × 可取性）就得到了这个选项的吸引程度。

吸引程度评级，对于从利弊比较均衡的选项中进行选择最为适用：结果可能是可取的，但不太可能；或者是不可取的，但很可能。

例如，假设你急需为一场慈善晚宴找一个演讲者。向多人求助可能会有多个人接受，这情形将很尴尬。下面的表格显示了你如何根据三个候选人可以帮忙的可能性和可取性，来计算出他们的吸引程度。

	格罗丽娅 未来明星	马蒂 百万富翁	塞纳托尔 智者
可能性	70	30	80
可取性	3	6	−1
吸引程度	210	180	−80

你可以把自己对不同选项的比较评分结果绘制在吸引力量表上，如下图所示。

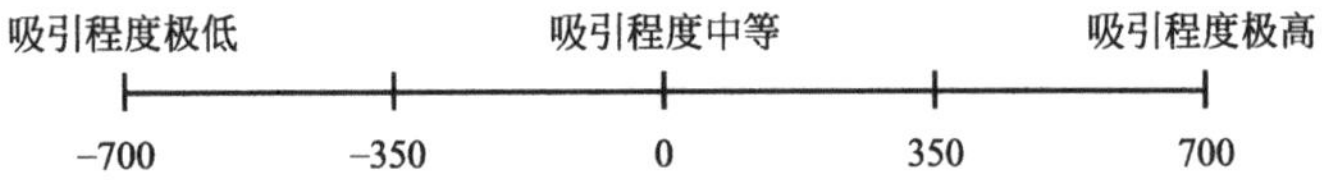

决策树

决策树是一种图表方法，用来显示不同的行动过程对你可能意味着什么。决策树有点像方案树状图（见第 3 章），但它们不是提出可行的解决方案，而是一种绘制备选结果的方法。

绘制决策树

你所做的每一个决定都开启了更多的可能性。把这些绘制为带有分支的图表，你可以立即看到每个决策和它们可能产生的结果之间的关系。举个例子，假设你是一家公司的老板，你可以选择雇用一个才华横溢的销售总监，他可能有过欺诈行为，也可能没有；相反的决策树概括了一些可能的选择、过程和结果。

树的两个主要分支代表了两种选择：雇用该销售总监与否。每个分支上分出的细枝显示了每次选择的结果。

如果你雇用了他，他可能是个骗子，也可能不是。即使他是个骗子，也会有两种可能的后果：他会欺骗你，或者他不会欺骗你(另外两个细枝)。

如果你没有雇用他为销售总监，那么后果要么是什么都不会改变（也就是说，你的公司会像以前一样运转)，要么是另一家竞争公司会雇用他，给你的公司带来比以前更大的竞争压力。

比较有可能的结果

每个结果都有可能性（L）或者是可取性（D）等级，如本章上一节描述的。注意：决策树的各个主要分支的可能性等级全都相加起来应该正好等于 100。

对于每一个可能的结果，将可能性数值乘以可取性数值得出一个总体评分［例如，“他欺骗你”这个结果的总体评分是 25 × (−7)，得出 −175］。

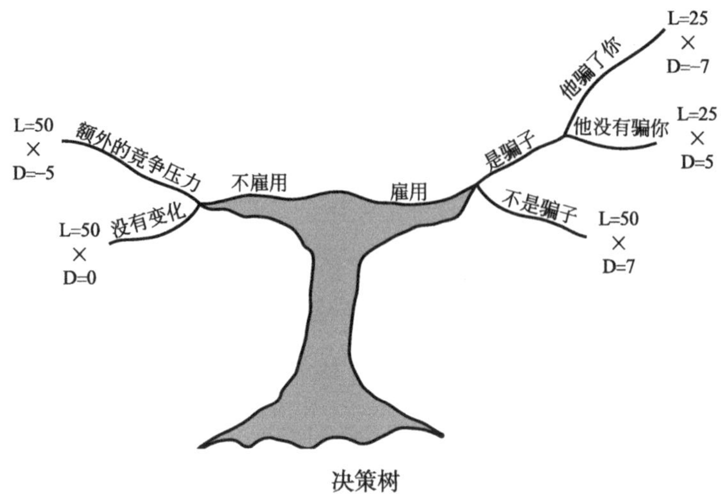

决策树

最后，将两种行动方案各自的全部评分相加，以比较两种方案的总评分。

在这个例子中，雇用他这一选项的总分是 300（−175 + 125 + 350），而不雇用他这一选项的总分是 −250（−250 + 0），显然，雇用他的结果更好。然而，如果评分有所不同，比如说，这个人是骗子的可能性更高，那么“不雇用他”可能会得到更高的总分。

付出与回报

另一种探索各个选项从而决定追求哪个目标的方法，是看每个任务的难易程度和最终结果的回报。有一种实用的方法可以用来衡量两个目标之间的差距，这种方法基于一种叫作“ CARVER 矩阵”的军事技术。

应用 CARVER 矩阵

最初的 CARVER 矩阵是设计用来帮军队评估多个敌方目标中哪一个是最佳目标。然而，你可以将此技术用于日常用途，以帮助你从多个选项中选择最优的一个。

CARVER 具体包括以下几点：

关键性（Criticality）：达成这个目标有多重要？

可达性（Accessibility）：达到目标的难易程度怎样？

可识别性（Recognizability）：你获得达成目标的相关信息及识别何时达到目标的难易程度。

脆弱性（Vulnerability）：你的目标容易达到吗？克服这一挑战所需要的力量或精力越少，就越脆弱。

效果（Effect）：总的来说，完成这个目标对你的生活有多大的影响？

恢复能力（Recuperability）：如果没有达到目标，那你消耗的时间与精力会给你造成多大的损失？

运用矩阵

画一个如下表所示的表格，左边是有可能的选项，上面是矩阵的每个点。如果其中一个标准与你特定的选项不相关，你可以忽略它。

然后，思考一下对应每个选项的 6 个 CARVER 矩阵点，并给它们打分，分值为 -7 到 +7。在给脆弱性和恢复能力打分时要特别注意。对于这两个方面，如果它们需要大量的精力来实现，你应该给它们一个低分（因为任何挫折都会有较多的精力消耗，这是不可取的），但如果它们耗费的精力少（因此假如你失败了也是小损失），可以打一个高分。

给每一行的每一项打出分数，把每个选项的得分加起来。将总分写在行尾。

这里举的例子是，理查德已经到达了职业生涯的十字路口，需要在三个选项中做出选择：提前退休、换公司或尝试接替上司的职位。他的矩阵得分表最终是这样的：

选项	关键性	可达性	可识别性	脆弱性	效果	恢复能力	总分
退休	−4	5	7	5	−1	3	15
换工作	5	2	3	2	7	−5	14
接替上司	4	−1	6	3	6	−2	16

根据该表，接替上司得到 16 分，是最好的选择。

决策的类型

除了评估实际因素，比如可能性和利益得失，你还需要考虑个人对情况的反应。你的看法，尤其是你的风险偏好，会对你的决定产生重大影响。

如何应对风险？

想象自己处于以下的每一种情况当中，然后想想自己会如何反应。然后看看自己应对风险的类型是哪一种。

情景 1

一个朋友给你介绍了三只高风险但高收益的股票。你在第一只股票中收获了丰厚的利润，你把利润投资到第二只股票中，也获得颇丰的利润。然后你……

A. 将你的全部所获利润投到第三只股票中。

B. 在你有所收获时放弃，不冒险买第三只股票。

C. 将一半的利润投入到第三只股票——因为你能够赚取更多，即使你这次没有赚，也还有剩余。

情景 2

在晴朗、温暖的一天，天气预报说稍晚些会有雨。你要走很久，还要带着公文包和笔记本电脑，所以外加一把雨伞会很不便，而穿雨衣会很热。那你会……

A. 不带雨伞雨衣，让自己带的东西更少点，赌一下天气会一直晴朗。

B. 拿好雨伞和雨衣，安全总比事后遗憾好。

C. 只带雨伞，尽管有一点麻烦，起码下雨的时候能应付得了。

情景 3

你开了一家生意红火的三明治店。本地公司的一位老板临时向你约定要为他公司所有员工订每日的午餐，前提是你能够立即就开始接单。然而，想要满足这一需求，你需要招募更多员工，但是如果最终没拿下这一订单，你就会因此欠债。那你会……

A. 马上雇用一个新人，这样你就可以在接到合同后马上着手准备。

B. 在雇用员工之前先等签好合同。

C. 雇用一名临时员工，这样你至少可以准备履行合同，还不必冒着雇用全职员工的风险。

情景 4

因为你要搬到一个新的城市，你需要尽快卖掉你的房子，而在你卖掉房子之前支付租金会花掉你很多钱。有人立刻给你报了个购房价格，比你预想的要低，但是对方拒绝讨价还价。那你会……

A. 拒绝这次等下个更好的报价。

B. 立刻接受这个价格。

C. 尽量让买家保持购入想法，同时拖延时间，希望出现更好的报价。

你的答案意味着什么

如果你选择 A 的次数比 B 和 C 多，那你是“赌博者”类型。
如果你选择 B 的次数比 A 和 C 多，那你是“银行家”类型。
如果你选择 C 的次数比 A 和 B 多，那你是“投资者”类型。

赌博者类型

“赌博者”倾向于追求最高的收益，并愿意为此承担必要的风险。他们对生活有一种创业者的态度，对自己成功的概率总是很乐观。

对于“赌博者”类型的建议：

- 认清事实（不要过于乐观）。
- 买好保险以抵御出现严重损失的情形。
- 确保你不会成为赌徒谬论（见本章“何时用抛硬币的办法”一节）的牺牲品。

银行家类型

与“赌博者”相比，“银行家”则持相反的观点，他们普遍非常反对冒险。他们主要关心的问题就是避免损失。“银行家”们善于在危险的情况下保持冷静的头脑，并推崇缓慢但稳健的增长。

对于银行家类型的建议：

- 不要错失机会。
- 注意，在面对需要快速反应的情况时，反应不要太慢。
- 记住这样一句格言：比起做过的事，我们更有可能为没有做过的事而后悔。

投资者类型

“投资者”采取中间立场，试图在风险和安全之间寻找折中方案。从本质上讲，“投资者”希望避免由于风险造成巨大损失，以免后悔莫及，同时也努力寻找机会。“投资者”擅长处理多变的情况。

对于投资者类型的建议：

- 由于采用的策略介于其他两种类型之间，所以要考虑针对这两种类型给出的建议。

- 小心不要过度观望或是犹豫不决。

为了充分利用你自己的决策类型，要记住其利弊各自在哪里。在某些情况下，你甚至会发现，考虑一种不同于你通常风格的方法会很有帮助。

了解风险

在判断风险时，我们不一定会一直保持理性。在进化过程中，我们的大脑已经习惯了针对一些情况做出特定的反应，这使得我们不必了解所有的事实就能做出决定。这些规则在史前时期对我们很有用，但在现代世界却很容易让我们误入歧途。

事实与感觉

你需要学会在有足够的信息的情况下准确地评估任何风险。保险公司就是通过收集与风险事件发生可能性有关的数据来进行此类评估。

然而，每种风险都有情绪方面的因素：你**觉得**风险有多大。情绪反应构成了一些“经验法则”的主要内容，这些经验法则常常会误导人。下面列出 5 条最常见的经验法则。

即使是在我们有着充分意识的情况下，这些常见的错误观念也会让我们的思维产生偏差。因此，我们中的大多数人对实际风险会有曲解也就不足为奇了。例如，尽管从统计数据上看，我们死于食物中毒或交通事故的可能性远远大于死于飞机失事或恐怖袭击，我们通常更害怕这些尽管相对不太可能发生，但是结果非常惨烈的事件。飞机很少坠毁，但这些事故在我们的脑海中是一种高风险，因为它们与列表左侧的 3 号、5 号，有时是 2 号相匹配。

序号	我们高估了这些风险，或者无理由地害怕这些威胁：	我们低估了这种风险，或者过于自满：
1	是新的和 / 或稀少的	我们熟悉的或者已经在附近存在很久了
2	别人造成的	有自然原因
3	脱离我们控制或是强加于我们身上	我们能够控制或者选择
4	不会带来任何好处	有利益或者回报
5	惊人和 / 或剧烈的	平凡的

更加客观

意识到存在这些误导性的“经验法则”之后，我们就能更容易地避免被它们欺骗。

当你在避免冒险时，检查表格左边的项目。如果你感到危险的因素包括其中一个或多个，那么仔细考虑一下你的决定是否合理。

如果你打算从事一项有风险的活动，请对照表格右边列出的项目来检查你的决定，以确保你对所涉及的风险程度做出了合理评估。

风险与收益

我们对风险的另一个偏见是我们对得失的看法。简而言之，在其他条件相同的情况下，如果我们面对的是一个小损失，和另一个较严重但不确定的损失，我们往往会选择后者，尽管这样做可能不谨慎。然而，当涉及收益时，我们更喜欢有保证的小收益，而不是没保证的大收益。

这些明显不合逻辑的偏见，背后的原因可能是两种常见的思维习惯。

“乐观偏见”倾向于让我们相信我们比别人更不可能遭受损失。我们也常常更看重当下的回报，而不是将来可能获得的回报，即使后者更重要。

相对风险与绝对风险

另一个可能使我们对风险的感知产生差错的因素，是缺乏任何可以作为比较基础的点。

例如，想象一下，如果某种新药的副作用是使你患某种疾病的概率增加了三倍。你可能会由此得出结论，这种药对你来说风险太高，因此不值得服用。

这是相对的风险。然而，实际的风险可能相对较低。如果发生疾病的概率只有 0.5%，在你服用药物时增至 1.5%，相对而言，这的确会增加 200% 的风险，但绝对概率只增加了 1%。

累积风险与一次性风险的差异

除了风险的相对或绝对水平，你还需要记住有可能出现的累积效应。长期且定期从事低风险的活动，比一次或几次从事高风险活动的风险更大（例如，从长远来看，吸烟可能比蹦极更危险）。要多注意那些看起来风险较低的活动，尤其是那些只进行一次风险较低，但随着次数的增多风险会增加的活动，并且其类型属于前面表格中被低估风险的一种或多种。

> 判断来自经验，而经验来自糟糕的判断。
>
> ——西蒙·玻利瓦尔
>
> （Simón Bolívar，1783—1830）

命运还是运气？

经过几千年的进化，人类的大脑已经变成了一个精细的识别装置。这种技能对我们的祖先来说十分重要，所以，他们宁愿在以为实际上不存在危险的地方看出有某种危险的迹象，来防止漏过任何可能的危险迹象。这就是原始人类发展出来的关键时刻能救命的反应能力，比如时刻以为“阴影中可能藏着一只豹子”。然而，今天，这种根深蒂固的反应可能会让我们自以为看到了一些子虚乌有的模式。

我们的大脑善于抓住每一个机会去识别出某种模式，在混乱中感知秩序，这就给我们评估风险和收益的方式带来了一种潜意识的偏见。这种行为最引人注目的例子之一是，在赌博中，人们可以把一连串纯粹随机的事件当作是好运连连的证据。关于这种偏见，以及在决定行动方针时如何避免这种偏见，我们将在下文中进行讨论。

何时用抛硬币的办法

我们对机遇的理解或误解也会影响我们对风险和收益的看法。我们要注意不要在根本没有运气时感受到所谓的“好运连连”，但如果我们发现很难做出简单的非此即彼的选择，那么相信运气可能是一种有效的做法。

真正的随机性

在 1 到 10 之间选一个数字。极有可能，你选择了一个奇数，而且最有可能是 7。根据统计，这是人们最常选的数字。如果人们的选择真的是随机的，那么选择偶数的人会同样多，而且 1、3、5 和 9 会像 7 一样受欢迎。这个简单的测试表明，即使是让我们做一个对我们的利益几乎或根本没有影响的抽象选择时，我们头脑中也存有内在的偏见。

当你需要在两个同样有吸引力的选项中做出明确的选择时，最好的策略是抛硬币。记住：每次硬币落在地上是正面向上或者反面向上，两者的概率都是 50∶50（假设硬币没有被做手脚）。

抛硬币也可以以一种更微妙的方式影响你的决定。一旦你把它抛起来，在你看到它之前，你几乎肯定会有一种感受，希望它落在一边而不是另一边。这种愿望，而不是硬币实际落下的结果，会告诉你自己真正喜欢的是哪个结果。如果有必要，你可以不管硬币落下后是哪面朝上。

赌徒谬论

当面对随机风险时，比如在赌博中输钱的风险，人们往往会错误地看待连胜或连败，或预测他们“转运”。这种信念就是赌徒谬论。当然，在另外一些情况下，如果结果并不取决于随机因素，而是依靠技能，那么出现“福运”的逆转，或是连胜或连败的现象，这些都是有意义的。但是在任何风险是真正随机的情况下，那你可千万小心，不要陷入赌徒谬论之中！

30 法则

如何判断你得到的某些特定结果是出于偶然还是其他因素（比如技能）呢？坚持一个特定的行动过程，尝试 30 次，这会给你一个很好的指引。

掷骰子的生活

20 世纪 70 年代，卢克·莱因哈特（Luke Rhinehart）所著的一本书莫名其妙地成了畅销书，书名是《掷骰子的人》（*The Dice Man*）。该书引发了一股掷骰子生活的热潮——人们靠掷骰子做出关键的决定。这一理念的追随者声称，这种生活让他们感觉更有活力，因为这让他们的生活充满更多不可测因素，并常能给他们自己一个借口去做他们一直想做的事情，并且感到不必对做出的决定负责。

对你想做的事情（比如申请一份工作）尝试30次；或者是对一个想法，获得30份信息，你就能评估出你的决定是否有潜力。反复出现好的或坏的结果会帮助你排除任何偶然因素。

集体决策

集体决策结合了许多人的经验和智慧。这种方式有它的优点，也有它的缺点。下文说明了何时适合与许多人一起进行集体决策，以及你如何能从集体决策中得到最佳的结果。

集体决策的优点

集体通常比单人能做出更好的决定。事实上，自然界中充满智慧的行为并不总是出现在单个的生物上。群居昆虫，比如蚂蚁，就个体而言头脑简单，但作为一个群体，就展示出了某种智慧。

合理的平均数

在一群人面前放一罐软糖，让每个人估计一下罐子里有多少颗软糖（并且每个人都不知道其他人猜的数），对所有人猜的数额取平均值，你会发现结果惊人的准确：错误的猜测（猜得过多或者过少的人），往往能够彼此抵消。

德尔菲法

这种预测方法最初是在 20 世纪 50 年代和 60 年代发展起来的，而且被证明相当成功。它结合了个人和集体的最佳判断。首先，专家小组中的每一位参与者都要匿名填写一份调查问卷，给出他们自己的预测。然后，把所有人的结果汇总反馈给每个人，让他们据此修正自己的预测。

集体不太会遗漏信息，因为多人比单个人能更好地做到眼观六路、耳听八方，在他们收集的观点中，处于两个极端的个人错误大多能互相抵消。对于数量或价值的估计尤其如此（见下面“合理的平均数”）。比如，市场经济就有效地利用了集体的力量，让消费者而不是某些中心机构来确定商品的价值。

集体决策的缺点

作为一个群体做出决定，可以减轻或削弱个人的责任负担。如果有一项任务需要有人承担责任，就要试着把它分配给某个个人。

例如，如果你在公共场合需要紧急帮助，不要只是大声呼救，而要试着与某个特定的路人进行眼神交流，并直接跟其沟通。

这种责任的减少会导致集体产生极端的观点。心理学家称之为“冒险转变”——温和的群体成员倾向于认为其他成员持有更极端的观点，并据此调整自己的观点。

另外也有可能出现“保守转变”。要特别注意那些比你自己的观点明显更加冒险，或更保守的集体观点。

创造性的活动，如设计一座建筑或制作一部电影，可以通过集体工作来顺利进行，但有“委员会设计”的危险，这会变成充满枯燥的妥协的大杂烩。所以最好有一个人来进行指挥。例如，如果你的办公室需要新的室内设计，你可以让工作人员做一个设计的梗概，并据此判断谁在设计方面最有天分，然后让其做出具有创造性的决策。

竞争与博弈论

与他人针锋相对的竞争会消耗你追求目标所需要的精力。更有效的方法是预估其他人可能的行为，然后根据他们的行动来调整自己的反应。这种策略在数学领域中的一个叫作博弈论的分支中得到了研究，这里说一下其中的三个方面。

只要可能，就寻求合作

通常，竞争会导致“军备竞赛”，双方都在竭尽全力赶超对方，但谁也无法在竞争中获得优势。根据博弈论所言，只要有可能，最好的选择是合作，并与那些最擅长合作的个人和群体形成持久的、互利的关系。

囚徒困境

警察把一个小偷和他的同伙关在不同的牢房里。警察对小偷提出了条件：坦白从宽，但是如果不招供，而你的同伙招供，他就会被释放，而你则会被判 10 年徒刑；如果你们两个都认罪，你们将各自被判两年徒刑。囚犯知道，警察掌握的证据不足，如果他和同伙都保持沉默，他们各自只会被判 6 个月的徒刑。下面是囚犯如何在“收益矩阵”中评估他的选项。

	我保持沉默	我认罪
我的同伙保持沉默	我们服刑 6 个月	我被释放；他服刑 10 年
我的同伙认罪	我服刑 10 年；同伙被释放	我们一起服刑两年

理想的情况是双方都保持沉默，但如果囚犯不能百分之百地信任他的同伙，那么再保持沉默就有可能被判 10 年徒刑；因此，他最好的选择就是坦白认罪。这清楚地诠释了建立充满信任的合作关系是最好的选择。

然而，如果有人表现出不顾一切地想和你交流合作，那就值得怀疑，在这场交易中，你自己是否最终会吃亏。

找到你的优势策略

你妈妈要过生日了，直到最后一刻你才想起来去给她买生日礼物。你的姐姐也出去买礼物了，你担心你会跟她买重样了，但你一时无法联系上她。所以你必须做出选择。目前的两种选项是：某个牌子的香水或一条新裙子。

如果你和你姐姐都买了一条裙子，你妈妈可以拿一条回去退钱。另外你知道，如果你们俩都选了这种香水，商店是不会接受退货的。因此，无论你姐姐买什么，买裙子是你的最优策略——这是你最佳的选择，不管她的选择是什么。

滤除劣势策略

在没有明确的优势策略的情况下，要反其道而行之。找出并消除对你来说最不利的选项，然后是次不利的，直到你把所有不利的选项都找出来。

插　　曲

前车之鉴

历史上有许多悲惨而错误的决策的例子，其中一些造成了严重的人员伤亡。然而，在这一过程中，也有一些无伤大雅的小错，而且带着幽默诙谐的一面。这里只略提其中的几条，我们应该可以从中得到一些教训。

错失良机

古罗马人早就已经知道蒸汽动力了，但他们从未将其用到生产当中。他们只是把它当作一种新奇的东西来使用，比如蒸汽动力的开门器和汽笛。如果他们当年能更认真地对待蒸汽，那么工业革命可能会早两千年发生，并给古罗马人带来超乎他们想象的财富。有些人认为，当时很容易获得奴隶，使罗马人对蒸汽动力机器的潜力视而不见。

1667 年，荷兰人从英国人手中得到了一个名为鲁恩岛的小香料岛，是用曼哈顿交换的，这一行为被称为“史上最糟糕的交易”。香料，尤其是肉豆蔻，在当时是非常有利可图的奢侈品，而作为几乎是世界上唯一的肉豆蔻来源，收购鲁恩岛看起来一定是非常合算的。然而，荷兰人没有考虑到两个事实：

一是一位荷兰指挥官，在一次掠夺行动中，已经登岛并砍倒了所有的肉豆蔻树；其次，其他地方也很容易种植肉豆蔻。尽管如此，虽然英国人获得了曼哈顿，不过他们也只是占有了它一个多世纪而已。

教训：错误的决定可能源于没有意识到你所拥有的东西的真正价值。

错误应对

在公元1000年的前夕，许多欧洲人相信世界末日即将来临。根据一些记录，他们在之前的几个月里放弃了世俗的财产，并苦苦修行，为来世做准备。

现在说起来我们可能会觉得好笑，但在2000年到来之前，我们目睹了一个规模更大的愚蠢行为："千年虫"恐慌。人们认为，一旦年份不再是19开始，计算机内部时钟就会变得混乱，从而导致计算机崩溃。许多人曾表示（诚然是事后诸葛亮），政府和大公司为应对威胁而花费的巨额资金毫无必要。他们指出，1999年12月31日午夜钟声敲响时，对小企业、学校甚至如意大利等一些国家而言，缺乏准备并没有带来有害影响。（本章"了解风险"一节讨论了为何我们更害怕罕见且有戏剧性因素的威胁，比如技术灾难。）

教训：对未知的惊慌和恐惧会导致你疯狂地做不必要的工作，结果一无所获。

忽略细节

1962年，第一艘计划飞越其他行星的航天器"水手1号"在起飞4分钟后失事。如果不是后来开发了替代型号"水手2号"，这次事故可能会提前结束美国宇航局的星际探测计划。这艘价值8000万美元的航天器失事的关键在于，控制它的软件程序少了一个连字符。

多年后的1999年，美国发射的军事星系统中的一颗卫星，发生了一个类似的错误，但代价更大。火箭在发射后不久就出现错误，卫星被送入了错误的无用轨道。这次失败是由于控制火箭的软件程序中一个小数点放错了位置。这个小小的错误导致了一项耗资超过 10 亿美元的项目失败。

教训：在努力实现一个大目标的过程中，如果某个小进展或步骤计划得不好或被忽略了，就会危及整个结果。

趋同思维

欧洲在 16 世纪中期引入郁金香之后，这种花很快流行起来，上层阶级的人们争相获取最稀有的品种。到了 17 世纪早期，在荷兰，对郁金香球茎的争夺达到了顶峰，以至于在证券交易所对其进行交易，其价格相当于一个普通荷兰人七年的收入。1637 年，郁金香泡沫破灭，据说许多人由于狂热的投机而失去了他们所拥有的一切。

“泡沫破裂”效应与近一个世纪后的一次注定失败的冒险尤其相关。英国南海公司被授予了与南美贸易的垄断权，后来为扩大自己的利益，承担了大量的政府债务。与新世界的贸易带来的兴奋感，加上从政府债券中定期获利带来的安全感，让投资者陷入疯狂。在仅仅一年的时间里，这家公司的股票价值增加了十倍。不久之后，股票价格暴跌，许多人破产。这一事件后来被称为“南海泡沫”。就连艾萨克·牛顿（Isaac Newton）爵士都在南海泡沫事件中损失了 2 万英镑，他说：“我能计算出恒星的运动，但无法计算出人类的疯狂。”

教训：多数人也可能是错的。第 3 章有更多关于趋同思维的内容，本章“集体决策”一节有关于集体决策的内容。

第 5 章

处理压力与情绪

HANDLING STRESS AND EMOTIONS

许多人认为，进行良好决策所必需的清醒理性与情感是相对立的。然而，事实是，虽然我们的头脑和心灵有时会趋向不同的方向，但大多数情况下，我们做决定时会同时运用它们。这一章教你如何强化自己情绪上最好的一面，激发积极的情绪，从而帮助你实现目标。然而，在某些情况下，做出新的选择会迫使你走出舒适区，采取新的行事方式，这可能会引起焦虑，因此本章还提供了应对压力和负面情绪（如忧虑）的指导。

心智训练

从理性思考到睿智行动

think
smart
act
smart

How to Make Decisions and
Achieve Extraordinary Results

发现自身的真实气质

气质是指你个性中控制情绪反应的部分。更多地了解自己对某些情况的深层反应可以帮助你最大限度地利用自己的个性，并在做决定或采取行动时克服任何心理障碍。

洞察自身情绪特质

你的情绪反应是根深蒂固的：它们取决于你神经系统的敏感性，以及大脑对你的反应的控制程度。下面的快速评估法能帮助你洞察自己的反应。

在 1（几乎不）到 7（非常正确）的范围内给每个陈述打分。在每一行的白色方格中记下你的分数。

为了获得最准确的分数，可以分三天进行三次评估，然后把每天的分数加起来再除以 3，求平均值。此外要记住，作为一个成年人，你自身的真性情可能会由于其他性格特质的影响，或者因为现实生活以及人际交往的需要而变得模糊，所以，不妨假设自己是个小孩子，想想以小孩子的身份会如何做这项测试。或者，让三个很了解你的人给你评分，然后对他们的评分取平均值。

有时我会毫无缘故地感到低落或沮丧。		
我喜欢社交活动。		
我经常担心我过去说过或做过的事情，以及这些事情给别人留下了什么印象。		
我容易生气。		
刚认识的人都说我是个健谈的人。		

续表

感情上我很容易受伤。		
我刚认识的人普遍都会说我是个很活泼的人。		
我经常有非常强烈的情绪反应，并且发现我的情绪在一天当中有明显的波动。		
我能在聚会上玩得很开心。		
我喜欢结识新朋友。		
把每一栏的分数加起来，然后除以 5。	=BE	=CI

你的分数会显示你在两个方面上所表现的程度，心理学家称之为特质。第一列的数字是你身体的兴奋度（Body Excitability，BE）得分。第二个是你的大脑皮层抑制程度（Cortical Inhibition，CI）得分。

你的身体兴奋度得分表明你的交感神经系统有多敏感。高分意味着你很容易情绪化，而低分意味着你很难激动。

你的大脑皮层抑制程度得分是指你的大脑皮层（大脑高级中枢）对你行为的抑制程度。从本质上说，高分意味着你性格外向，不受拘束；分数低意味着你害羞、自制、内向。然而，这个分数可能在某种程度上取决于你所处的环境：例如，你可能在朋友面前很外向，但在工作时或陌生人面前比较内向。

特质和气质

综合上面你的特质分数，你就能看出你是四种基本气质中的哪种：多血质、胆汁质、抑郁质，还是黏液质。在下面的图中，在每条线上标出你的分数，然后将两个数值点用一条直线连接起来。你连起的线所越过的象限即为你的气质类型。

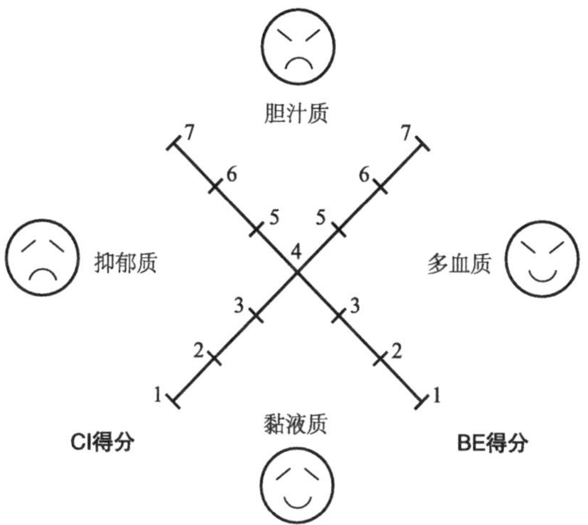

气质类型的历史

四种气质的概念可以追溯到 2000 多年前的思想家，如历史学家希波克拉底（Hippocrates，公元前 460—前 370 年）和内科医生盖伦（Galen，公元 131—200 年）。尽管他们关于每种气质成因的理论是不正确的（他们认为气质是由人体中体液占比不同引起的），但他们基于对人性的观察所描述的气质类型，与心理学和生理学方面的研究证据相吻合。

四种气质类型

每种气质的主要特征如下。每一种都有其优点和缺点。为了充分利用你自己的气质性格，遵循这里给出的建议，注重积极的方面，减少自身缺点。

多血质 你外向、乐观、稳定的性格有助于你处理大多数情况。然而，你可能过于依赖直觉和主观判断，从而误导你。可以通过详细规划（见第6章“任务排序”中“行动计划”部分）和保持专注（见第1章“保持专注”一节）来控制你自身的精力。

黏液质 冷静、善于观察、沉稳而又矜持，你很擅长从头到尾地完成任务，但可能注意到自己很难坚持自己的立场。请注意本章后面谈论的NLP技术。你也趋于抗拒行动和改变，所以请参考第6章“激发动力”一节的激励建议。

抑郁质 你天生具有安静的外表，掩盖了你强烈的感性特征。用振奋人心的音乐和愉快的环境来改善你自身的情绪（见本章“减轻工作压力”一节），激发你的创造力。你可能需要控制焦虑（见本章“战胜焦虑”一节）甚至恐慌（见第3章）的倾向。

胆汁质 你活泼、急躁、外向、易激动。你的精力和快速决策的能力是珍贵的资产。然而，你需要意识到什么时候需要更仔细地考虑事情。为了帮助控制自己情绪的爆发，请参考本章“战胜焦虑”一节中的“何时不要做决定”专栏。

情绪预测

情绪反应不仅在实际情况中影响感知和判断，在我们试图回忆过去的感受或预测未来可能的感受时也会影响感知和判断。下面的建议可以帮助你认识和弥补一些常见的情感偏见。

反应过度偏差

人们通常会高估他们在特定情况下的感觉是好是坏，而且往往高得离谱。在一项实验中，研究人员要求人们预测如果他们最喜欢的球队赢了或输了一场关键的比赛，他们会有什么感觉。研究人员在游戏结束后会再核对受试者的感受是否有变化，几个月后再重复检查一次。

研究人员发现，与比赛结束后立刻记录的感觉相比，观众高估了他们对比赛结果的感觉；而当几个月后再问，他们再次高估了他们的情感强度。

情感色彩

另一个影响我们预测情绪的能力的因素，是我们更有可能回忆起强烈的情绪，而不是温和的情绪，即使强烈的情绪是例外。这意味着，如果你在某一特定情况下感觉非常好或非常坏，即使只遇到过一次，这一次经历也会给你对未来类似情况的预判增加更多色彩。

物质主义

把自己和那些更富有、更聪明或更成功的人相比较一定会让你感到不开心。相反，按照古老的建议，珍惜你的幸福，想想那些不如你幸运的人。

物质主义的观点也会影响你如何判断一个目标的重要性或一个决定的正确性。有些人认为，拥有最新的必需品，比如一套新的音响或一辆汽车，会让他们快乐，其实真的得到之后的幸福感未必那么强烈。即使当人们意识到这是对幸福的错误期望时，他们仍然会投入大量的时间和精力去追求这些东西。

更准确地预测感情

意识到回忆和期望常会愚弄我们，可以帮助你避免落入这些陷阱。在考虑任何行动过程时，记住以下几点：

- 你不能因为一次糟糕的经历而不再尝试。
- 不是所有的假期、聚会或其他美好时光都像你曾经拥有的那样美好。
- 物质财富不可能像你期望的那样让你快乐。

如果你不确定你将如何处理一种未知的情况，问问别人在那种情况下他们是如何做的。

自尊的作用

许多人错误地将自尊等同于自爱，但自尊更多的是让你能尊重自己。自尊还包括对自己的生活负责。它能给你应对挑战和实现目标的信心。

关于自尊的六个原则

心理学家纳撒尼尔·布兰登（Nathaniel Branden）是研究自我尊重方面的先驱之一。他确定了强化自我尊重的六个原则，你需要在日常生活中践行它们。

- **有意识地生活**　这意味着要时刻保持清醒，根据情况采取适当的行动，不否认现实。
- **自我接纳**　看清自己的优点与缺点。即使有些地方你想要或者需要改变，也要从接受所有事实开始。
- **自我负责**　这需要你对自己的生活负责。如果你逃避这些责任，你就否认了自己的力量源泉。
- **自我肯定**　你会信任一个从不为你说话的朋友吗？如果你这样对待自己，你会失去自尊。
- **有目标的生活**　如果你有抱负或目标，并依靠自律来实现它们，你会对自己感觉更好。
- **个人诚信**　你会相信一个不守诺言、说谎的人吗？你可能禁不住某些诱惑而做了这种背信弃义之事，但如果你认为没有人会知道，那你只是在欺骗自己。

树立自尊

提升自尊、帮助自己成长的方法之一就是尝试以下由布兰登博士设计的练习。它的理念是，经常做出微小的（5%）改变比一次尝试大的（100%）改变更容易。

自尊的助长器

这里还有一些建议可以帮助你增强自信、坚定目标，加深对自己能力的认知。

- 想想你最喜欢的活动，回忆第一次尝试时是什么感觉。提醒自己，当你走出舒适区时，对自己缺乏自信是很正常的。
- 列出你在过去10年中所学到的东西或取得的成就。
- 去做你擅长的事情，不管它有多微不足道。
- 完成一项你一直拖延的小任务。
- 不要将注意力放在自身缺点上。做一些运用你的大脑的事情，并让它处于巅峰状态（见本章“心态平衡”一节）。

在这个技巧中，你写下一个“句子主干”，并用你自己的想法来完成这个句子。举例来说：

如果我能在生活中多增加5%的意识去做事……

我会更认真地去倾听别人在说什么。

对应每条原则写出你自己的句子主干。在每种情况下，试着用一个主干写出十个句子。尽可能快速地做，将想法从潜意识中激发出来。

战胜焦虑

每个人都有烦恼的时候。你需要谨慎地做重要的决定时，担忧会影响想象力的运用，它会破坏你的洞察力，抹杀你的自信心。然而，焦虑是可以控制的，让你能灵活地思考，从而采取有效的行动。

消除焦虑的方法

当我们担心时，我们的大脑会不自觉去想各种可怕的结果，无论可能性多么小——心理学家称之为“杞人忧天”。担心往往是徒劳的，因为它使我们纠结于问题本身，而不是专注于解决方案。我们可能会一遍又一遍地想着同样的事情，为那些我们无力改变的事情而纠结、烦恼，比如我们过去做出的决定或采取的行动。

美国神学教授哈登·W. 罗宾逊（Haddon W. Robinson）曾经写道：“你受控于所担忧的事物。”如果你发现自己正饱受焦虑的折磨，试试这些让你脱离焦虑情绪的方法吧。

消除你的焦虑

问问自己：“我为什么焦虑？”尽可能想出清楚的答案。然后，再问自己：“这件事值得这么担忧吗？”或“我发现这件事有哪些特别糟糕的地方？”试着找出你需要考虑的任何潜在问题。一旦你发现了这些问题，解决它们应该会更容易。

扼制焦虑的出现

焦虑常常与拖延症联系在一起。虽然，在某些情况下，拖延是一种有益的方式（参见本章“何时不要做决定”专栏），但让情况拖延下去也会让担忧积累起来。就像花园中生长的杂草一样，在烦恼出现的时候，不让它们在你的脑海中深深扎根，烦恼就会更容易解决。

决定行动

你越是推迟做决定或采取行动，就越有可能无休止地担心会出现可怕后果。如果你担心得不知所措，试着迈出解决问题的第一步，即使只是很小的一步。一旦迈出第一步，你会发现事情变得容易多了。

在心中为最坏的结果做准备

为应对可能发生的最坏结果，要制订你能想到的最好、最详细的计划。在为最坏的情况做了准备之后，告诉自己没有必要再考虑这个问题了。

分散注意力

当你有很多时间的时候，焦虑极有可能会占据你的思绪。

如果你发现自己无聊的时候会担心，立即展开一项任务而不管这项任务是什么，以分散自己的注意力。

改变你自身的肢体语言

焦虑会让你感到沮丧。用积极自信的肢体语言来抵消这种低落情绪。站到高处，展开你的双臂，伸展你的身体。抬起你的头，把肩膀向后拉。

你的姿势越自信，你就会感到越自信。

不要隐藏焦虑

直接告诉别人你的焦虑心情或者写下来，通常会让你觉得没什么好担忧的了。

不要自我怀疑

对自己实现目标或解决问题的能力充满担忧，会变成自我实现

何时不要做决定

在做任何重大决定之前，一定要保持头脑清醒和自信。身体或精神上的压力会导致犯错。如果你知道你现在不能处理某个问题，最好是先不要尝试去碰它，当你感觉准备更充分的时候再重新审视它。

何时应避免做决定?

当感觉疲倦的时候——据记载，拿破仑曾说过，他没有勇气在凌晨3点时面见军官。在午夜，你的精力正处于低谷，一切似乎都更糟糕。试试睡一小会儿（或者白天小憩10分钟）来让你的头脑清醒一下。

当感到过度忧虑时——首先处理由忧虑引起的情绪。

当感到愤怒或沮丧时——先花时间冷静下来。如果你正在和别人谈话，而他们心情不佳，建议暂时离开一会儿。

头脑不清醒时——哪怕仅是一杯酒精饮料或一剂药也会削弱你的决策能力。

情绪低落时——如果你对某个情况感到绝望，看看是否因饥饿、疾病或压力大等因素让你更难过。照顾好自己，感觉好点了再实施行动。

的预言：如果你丧失信心和自信，你将难以完成你需要做的事情。使用提升自尊的方法（见本章“自尊的作用”一节），可以帮助你尽量减少甚至消除这种忧虑。

解决外部问题

那些你觉得强加在你身上的导致你忧虑的外部因素，实际上往往是需要解决的问题，而这些困扰源于你自己无法改变这些外部因素。尝试回答第 3 章“提问的作用”一节的问题，帮助自己了解问题的核心，并参阅第 3 章“聚敛性问题与发散性问题”一节，了解分析问题的不同方法。

请浏览下一节内容，关于在极端的恐慌和无聊之间获得合适的精神刺激的建议，这将为你提供能量来解决你的问题。

平衡状态

当一项任务在过于简单或无聊和过于困难或压力大之间取得微妙平衡时，我们在一种被称为“最佳心理状态”的情况下表现最好。心理学家把这种状态称为“心流”。

最佳精神活跃区域

当我们处于最理想的精神状态，即心流状态时，我们能够更努力、更持久地工作，更专注于任务，更享受任务。当我们沉迷于我们做的事时，时间过得飞快。

下图显示了这个相当小的区域。这条曲线显示的是精神表现，一端是“厌倦”，另一端是“恐慌”。峰值状态在曲线的顶部。为了了解你自己的状态，选择一项你很喜欢或者能做得很好的规律性任务。每次你完成任务的时候，画一份这样的图，在你感觉自己所处的状态上画一个叉号。如果你觉得无聊或者不感兴趣，你的叉号就会在峰顶的左边；如果你感到过度紧张和有压力，它将在右边。在几次测试后重复这个步骤，每次画一个新的图，这样你就不会受到之前自我评估结果的影响。评估这些图，叉号在哪里比较多？

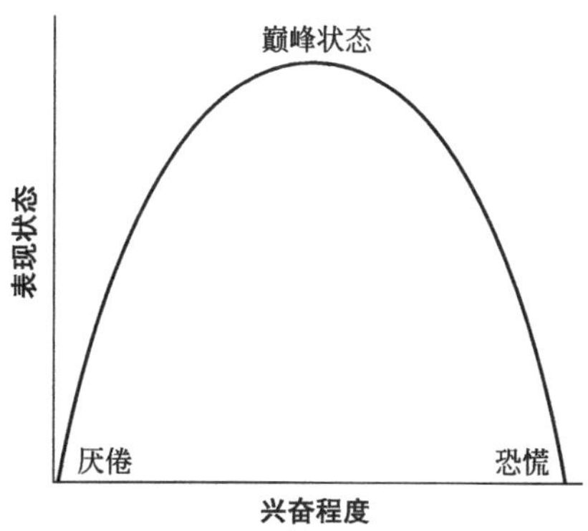

厌倦区域中的叉号过多？

- 问问自己：“如果我是世界上能最出色地完成此项任务的人，我会怎么做？”立志成为优秀的人。
- 可以找人来做吗？你可以尝试让别人来做你不感兴趣的那部分工作，这样你就能把更多的时间花在你感兴趣的部分上。

恐慌区域中的叉号过多？

- 实践会有帮助。随着多次练习和对活动或任务更加熟悉，大多数人都能摆脱恐慌。

- 寻求帮助：你能让别人帮你一把吗？许多“恐慌区域”产生的反应仅仅是因为你试图独自承担的太多。
- 如果你觉得自己已经陷入恐慌当中，问问自己，以你目前的技术水平，这个任务对你来说是不是太难了。你需要更多的训练和资质吗？这项任务本身是不是有太多风险？
- 深呼吸以调节你的情绪。将一只手放在胸前，另一只手放在腹部。缓慢深沉地呼吸，将空气深深地吸入你的肺部当中。你应能感受到腹部比胸部起伏更多。

减轻工作压力

大多数现代工作场所都比过去的安全得多，但这些看似良好的环境常常导致长期的压力存在。以下的一些方法可以让你在办公室里保持健康和无压力状态。

补充水分

脱水会削弱你的耐力和注意力。当你全神贯注于工作时，很容易忽视口渴的感觉，这是脱水的早期征兆。现代办公室工作当中也会导致脱水。通常情况下，办公室里的空气很干燥，而通常出售的茶、咖啡和含糖苏打饮料虽然喝起来感觉很解渴，但实际上会把更多的液体排出体外。最补水的饮料是水。努力保持每天喝八杯水。以小口啜饮；不要等到自己口渴了再喝水。

创造一个负离子的环境

大气中的离子（带电原子）会影响你的情绪。正离子会让你感到紧张、疲惫、疼痛和沮丧，而负离子会让你感到轻松和快乐。这就是为什么办公室经常有一种无形的不愉快的感觉：电子产品和合成纤维在空气中制造了过量的正离子。在流动的水（如大海、雨水或瀑布）周围，负离子含量较高。你的办公室里不需要有流动的水，但是可以在你的桌子上放置一个负离子发生器（可以从网上买到）。

尽量让自己处于自然光照下

科学研究表明，长期暴露在人造光下会导致身心充满压力。尝试使用日光矫正灯泡，在靠近窗户的地方工作，只要有可能就外出去接触自然光线。

绿色植物的益处

研究发现，看草丛和树木可以缓解头痛、眼痛和肌肉酸痛的感觉，并让人觉得清醒放松。即使你住在城市里，在你的桌子上放些绿色植物，或在绿色的空间里散散步，这些都会给你带来好处。

调整呼吸，振奋精神

许多人声称接下来的练习能让他们精力充沛、精神焕发。

- 舒服地坐好，背挺直，手放在膝盖上。
- 一边用你的鼻子深吸气，一边数到8。将你的胃和胸腔向外推，让肺部充分膨胀。
- 屏住呼吸数到12。
- 用鼻子缓缓呼气10秒。试着去感受空气通过喉咙和鼻腔时接触到的地方。
- 将这个过程重复5次。

实用的NLP技术

采取行动意味着抛弃旧观念，以新的方式思考。直到我们习惯了这一点，我们才会觉得自己在舒适区之外。一种重新思考我们如何看待事物的方法是NLP——神经语言程序学（neuro-linguistic programming）。

NLP 基础知识

神经语言程序学是通过改变你的“思维语言”，让你可以更有效地思考的方法。它教你如何使用语言，如何在你的想象中创造图像和感觉。

NLP 的背景

NLP 是在 20 世纪 70 年代由理查德 · 班德勒（Richard Bandler）和约翰 · 葛林德（John Grinder）发明的。他们研究了几位著名心理治疗师的技巧，结合了心理学、催眠疗法和哲学的观点，以成功人士或适应性强的人的思维和沟通模式为基础发明了此方法。从那时起，这一领域出现了爆炸式的发展，无数关于 NLP 的书籍、课程和光盘以不同形式问世。虽然有些人批评这些理论是非原创的，甚至是不科学的，但许多人认为 NLP 技术很有用。

以下有三个关于 NLP 的最有效的实用技术，旨在提高我们思维和感知的灵活性。

按意愿产生积极的情绪

联想的力量可以产生一种特定的情感。试着想象一个你最自信、最开心或最果断的情景。尽可能地想得活灵活现。让这种感觉加倍强烈，然后再加倍强烈。同时，将拇指和食指的指尖按在一起。通过练习，往后你可以通过将指尖压在一起来重现这种积极的感觉。

改变记忆和信念

如果你希望将一段不愉快的记忆中痛苦的部分消除，你可以采取以下几个步骤。把它想象成黑白的样子，并作为一个静止而不是移动的图像。把不愉快的人或事想象得比实际小一些。从另一个人的视角想象这个场景，然后想象整个事情在一个小电视屏幕上播放，减少记忆的重要性。

你可以通过反其道而行之的方式来增强愉快的记忆：将它幻想成鲜艳的颜色，再次感受它。你可以用类似的方法给自己灌输新的积极信念。先思考自己的一个优点。想一下，自己在展现那样的优点时是怎样的？你会把什么颜色、动作和声音与它联系起来呢？用同样的原理来创造你的新信念。

模仿你想成为的样子

就像孩子们向榜样学习一样，你可以通过把自己想象成某方面你想去效仿的人，来改变自己的态度和行为。闭上眼睛，尽可能地想象这个人站在你面前的细节。走进他，成为他。他的姿势感觉如何？他的情绪状态怎样？他的想法是什么？这给了你什么样的启发呢？

第6章

采取行动

TAKING ACTION

你拥有的最宝贵的资源是你的时间和精力。本书的最后这一章就跟大家探讨一下如何有效地利用它们。这包括诸如安排任务、时间管理、在困难时期保持动力，以及将精力集中在真正重要的方面。

决定只有转化为行动，才会变得有意义。结合到目前为止你所学到的，这一章将帮助你始终遵循你做出的决定，从精心制订计划到得到满意的结果。

心智训练

从理性思考到睿智行动

---

think
smart
act
smart

How to Make Decisions and
Achieve Extraordinary Results

制定目标

有目标能帮助你完成很多事情。一个明确的目标，而不是一个含糊的愿望，会让你集中力量高效地做事。当你达到目标时，你会获得一种真正的成就感。

目标的力量

心理学研究表明，确定明确的工作目标可以在以下几个方面大大提高你的表现：

- 引导你的注意力和行动
- 增加你投入在任务上的精力
- 强化你的毅力和韧劲
- 激励你找到有效解决问题的方法

那些能给你带来真正挑战的目标，比那些简单的目标或者只是尽力去做的目标，对你更有好处。选择一个能让你走出舒适区的目标。这会带你达到巅峰状态（见第 5 章“心态平衡”一节），也就是工作最满意、最有效率的时候。

唯一的例外是，如果你的目标目前对你来说太难了，可能会让你陷入“恐慌区”。在这种情况下，为自己设定一系列过渡的“学习目标”，每一个“学习目标”本身都将是一项成就，同时也是通向最终目标的垫脚石。例如，如果你的目标是在工作中做一次演讲，在面对观众之前，可以通过面对你的母亲、好朋友甚至宠物狗进行练习！

SMART 方法

一个准确制定的目标应该符合 SMART 要求。

具体（Specific，S）：目标应该定义明确。

可衡量性（Measurable，M）：它应有可评估的结果，这样你才能紧跟自己的进展。

可实现性（Achievable，A）：虽然目标应该有挑战性，但从理论上讲，目标还是应该在你的潜力范围之内。

收获（Rewarding，R）：应该有某种形式的奖励来激励你完成目标（见本章下一节）。

时限性（Timed，T）：应该有一个截止日期，子目标也一样。

写下目标

把你的目标写下来。把它放在容易拿到的地方，或者可以把它做成公告一样，放在你能一直看到它的地方。

对于一个实质性的目标，比如买房子或谈加薪，设定一个你想要实现它的最后期限。举例来说："到明年 12 月 31 日时，我将拥有自己的房子。"

如果你的目标是非物质的，比如减肥或变得更自信，把它写下来，就好像你已经做到了一样。举例来说："我每一天都在变得越来越自信。"

你的潜意识无法理解消极的概念，所以要永远写下积极的目标。

比如要写"我要减肥"，而不是"我再也不吃巧克力了"。

首次现实测试

为了有最高的最终成功率，你需要确保你的计划和行动从一开始就在正轨上。最好的方法是在现实世界中检验你的目标。举个日常的例子，如果你打算粉刷你的房子，明智的做法是买一桶小的试用装油漆，然后先在一个不显眼的地方试用一下。及早进行首次测试有助于将失败的成本降到最低，并增加你的经验。它还会让你的情绪预测更加真实，并避免你一开始行动就出现偏差，比如错误的情绪预测（见第 5 章）和一意孤行（见第 3 章）。

想象成功场景

你可以通过视觉化思考（见第 2 章）来规划你的潜意识，尽可能强烈并生动地在脑海中描绘一个成功的结果来达到你的目标。视觉化思考的力量得到了专业运动员的认可，他们把它作为训练的一部分。例如，泰格 · 伍兹（Tiger Woods）为了成功会尽可能精确地想象理想的高尔夫球击打方式。令人惊奇的是，一旦你学会进行视觉化思考，你的大脑就会从这些成功的愿景中学习和成长，就像成功的事情真的发生了一样。

制订行动计划

一个项目越困难、越有挑战性或越复杂，在开始时你就越需要进行更多的思考和计划来保证它能顺利实施。以下有一些关于制订行动计划的建议。

1. 尽可能清楚地制定你的最终目标，符合 SMART 要求。

2. 它是什么样的问题？聚敛性的（只有一个或几个可能的解决方案），还是发散性的（有各种各样的可能性）？有关处理每种类型的技巧，请参阅第 3 章“聚敛性问题与发散性问题”一节。

3. 如果你正在处理一个发散性问题（更常见的类型），试着用吸引力量表（见第 4 章“权衡选择”一节）或 CARVER 矩阵（见第 4 章“付出与回报”一节）缩小你的选择范围。画一个方案树状图（见第 3 章），找出实现目标的步骤。

4. 设定一个最后期限。

5. 列出项目的所有因素或阶段。根据这些因素绘制一个可变动的时间表（见本章“任务排序”一节），给自己制订清晰的工作安排计划。

6. 还有其他人会参与你的计划吗？如果有的话，简要介绍一下他们的角色。

7. 准备好你的第一步，开始行动！

如果你的目标的整体效果需要很长时间才能显现，那么请尽可能多地进行初步测试。例如，如果你正在考虑为了成为一名建筑师而进行一次长期且昂贵的培训，你可以在建筑师事务所工作一段时间，获得些经验，并以此检验一下自己的决定，看看你是否喜欢这个工作。

激发动力

能否激励自己，是成功或失败的关键所在。当事物变得棘手时，这种特质能支持你继续前进，帮助你坚持完成任务直到胜利的终点。

发掘内心意志

如果你难以开始做一项任务或者项目，问问你自己，是因为这件事对你来说没有吸引力，可你又不得不做；还是因为虽然这是你想做的事，但不知道如何着手开始。

下面的一个或多个想法可能会激励你采取行动。

- 告诉别人你打算做什么。公开你的计划会让你难以退缩或放弃。
- 把工作或项目分解成容易实现的小步骤。
- 从工作的各个方面着手，不要考虑要花多长时间，也不要考虑你是否知道如何完成。
- 想想你曾经做过的一项枯燥的工作。你是怎么开始的？你对这份工作的某个方面是否满意？你能将同样的方法应用到你现在待解决的问题中吗？

致力取得好结果

即使你在项目开始时动力满满，但如果遇到困难，或者这项任务比你想象的更复杂或耗时更长，你的热情就会减少。

为了保持你的动力，要把最终目标清晰记在心里。如果你和别人一起工作，可以不断地谈论当你完成工作时一切会有多美好。如果开始无聊了，找一个新方法或开始一个新的项目来激起你的兴趣。列出一份任务清单，包括那些已经完成的任务——在清单上画钩总是能增强完成项目的意志力。最后，每次取得成功都奖励一下自己。

奖励的吸引力

我们的许多行为都是由对回报的期望所激发的。回报可以采取多种形式，从对报酬的直接满足到对出色完成工作的满意。

虽然“外来奖励”（从别人那里得到回报）通常是真正的鼓励，但是当你从事一份长期的工作时，在某些情况下，它们实际上会降低动力。例如，人们可能追求物质奖励（比如金钱），但当这些奖励不能满足他们的期望时，他们就会失去动力（见第 5 章“情绪预测”一节“物质主义”部分）。

内在奖励，源于为自身利益而实现目标，是根本上更强大的激励因素。寻找任务中你觉得特别满意的方面——那些你可能只是出于兴趣或乐趣而去做的事情。

管理时间

我们每个星期都有 168 个小时的时间，然而我们常常感到在有限的时间里安排更多活动的压力越来越大。有效的时间管理是完成任务的关键，避免出现因为时间太少而有太多事情要做所带来的恐慌感。

时间都去哪儿了？

下面的几条原则最初是用来帮助人们清理收件箱里成堆的文件和电子邮件的，但其实它对任何活动都很有用。使用 3D 原则：

解决它（Do it），

放弃它（Drop it），

或者

委托给他人（Delegate it）。

委托

我们大多数人都不愿意委派任务，但是让别人承担你的任务可以帮助你更好地利用自己的时间。例如，在家里，家庭成员很容易坚持做他们经常做（或没有做）的家务。定期重新评估谁做了什么：丹五岁时够不着洗衣机的按钮并不意味着他到十五岁时还不会使用洗衣机！

在工作中委派任务可能更棘手，但一个善于委派的人会获得回报。评估一下你实际上花了大部分时间在做什么，考虑一下对你来说最平凡的工作是否可以交给经验较少的同事。委派任务需要计划性。你需要留出足够的时间来教其他人完成任务，所以不应该把任务拖到最后一分钟。

多努力一点

做某件事最有效率的方法，是你提前完成它，然后有时间回头继续改进它，而不是在截止日期前匆匆完成。通常情况下，如果你能给你的作品留足够的时间来进行最后润色，你就有机会追求极致。

最后期限

最后期限能促进我们集中精神，去行动，保持专注。然而，如果我们的时间压力太大，压力和焦虑的增加会适得其反（如第 5 章心流状态图所示），我们的表现会恶化，甚至会停滞不前，完全停止工作。

把最后期限看作一个积极的目标，而不是一个近在咫尺需要对付的怪物。就像你在学校参加考试时老师教导你的那样，要计划好你的时间。把任务划分成几部分，考虑事情需要完成的顺序（见下一节“任务排序”），为每个任务要素分配足够的时间。

出于某种原因，如果你错过一些关键阶段或落后于计划，记下发生的原因，立刻做出选择：要么设定特定日期迎头赶上；要么设计一个全新的计划，重新开始。

时间小偷

别人经常要你回应他们的活动和要求，从而使你偏离自己的行动路线。下面是人们“偷走”你时间的两种常见方式，他们甚至没有意识到自己在这样做。

- **提出不合适的要求**　为了避免被别人众多的请求吞没，有选择地应对你所收到的请求。练习礼貌但坚定地拒绝一些事情，比如那些不合理的，没有你正在做的事重要的，或者你不是最合适或有时间的人选的。
- **让你一直等待**　应用 15 分钟法则：如果有人让你毫无理由地等了超过一刻钟，那就离开。（显然，这并不是一个一成不变的规则，这取决于个人和当时情况。）如果可以的话，避免约定在整点碰面；相比之下，安排在整点见面比在整点的 10 分钟后见面，人们更有可能迟到。当你等待的时候，有效地利用这段时间打电话、发短信、阅读或做笔记。

计时

在工作日尝试戴只有秒表功能的手表。每次你开始高效地工作时，启动秒表；当你停下来（即使是喝口水，聊聊天或凝望窗外）就停止计时器。在一天结束的时候，你可能会惊讶地发现，尽管你一整天都在努力工作，但你真正高效工作的时间却很少。

利用好你的时间

办公室以时间管理不善而臭名昭著。虽然友好的气氛是很重要的，在茶水间闲聊也很有收获，但要计算一下分心的事情占用了多少时间，然后试试下面的建议。

如果会议的议程很短（一定要确保会议有议程），建议每个人都站着。

不是所有会议都有必要开。如果可以的话，建议用一种更省时的方式来讨论某个特定问题，比如电话会议或网上会议。

试着调整桌子的位置，让同事走过时难以和你有眼神交流。

保持电子邮件简短、集中、清晰，避免模棱两可的幽默（人们可能会误解）。将你的电子邮件按主题归档，这样可以节省时间。

打电话时站起来。这不仅会让你听起来更自信，还会让你减少长时间又慢吞吞地聊天。

任务排序

大多数挑战需要完成多项任务。在此过程中，要一直考虑下一个任务。有组织地完成这些任务是成功实现目标的重要因素。

行动计划

无论你是在计划一次全球收购还是一顿三道菜的大餐，你都需要安排出一个顺序，使你能够按照正确的顺序完成项目的所有步骤。为了有一个良好的开端，你可以先问问自己以下四个问题：

- 哪些任务花费的时间最长，需要最早进行？
- 我需要完成哪些任务才能开始其他任务？
- 哪些任务可以一起执行？
- 每项任务最早能完成的时间、预期完成的时间和最迟完成的时间分别是什么时候？

绘制可变更的时间轴

有了这四个问题，你可以为你的项目绘制一个可变的时间轴。这个计划将帮助你充分利用你的时间，并考虑到最坏的情况。

标记项目开始到结束的周数或月数。在下面画一个方块来表示每个任务的时间。如果合适的话，将这些区块进一步划分为最早完成时间、预期完成时间和最迟完成时间。

上面这个例子是假如一个人想在下个生日之前学会开车的情况。首先，她必须挣钱支付培训费用（为期四个月），所以这项任务必须在培训课开始之前完成。然而，赚钱的同时也可以学习和复习驾驶理论。她估计，一旦开始上课，她只需两个月就能完成，更可能要三个月，但也说不定会长达四个月。如果她第一次没有通过测试，她可以每隔一个月重新考一次，考三次是她预期的最坏结果。因此，时间轴清楚显示了任务顺序，以及整个过程可能需要多长时间。

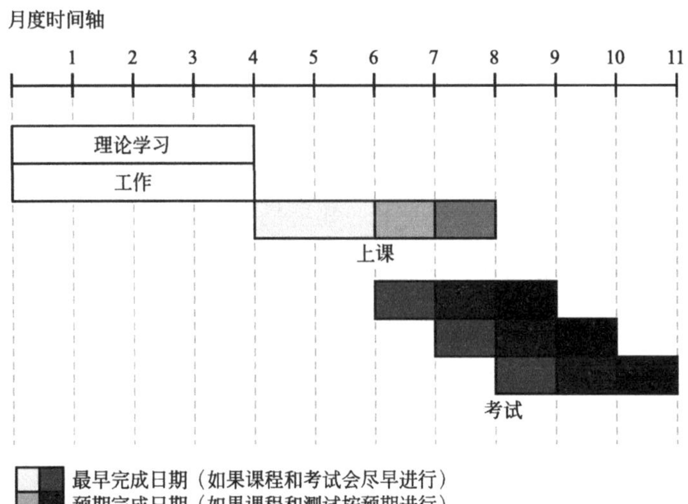

组织任务的技巧

- 如果你的某个任务涉及创造性思维，最好尽可能早地安排它们，并留出足够的时间，给自己足够的精神空间来酝酿新想法（见第 2 章）。

- 对于需要其他人参与的子任务，为每个人留出足够的时间来完成工作并与你保持联系，这样任何问题或延迟都不会对你的日程造成不利影响。

- 检查是否有任务或活动的时间安排在了不合适的时候（比如

在冬天重新给房子盖屋顶)。

- 当大量的工作集中在一起时，或者似乎没有任何进展时，做出调整。
- 及时收集信息或改善技巧。

计划评估与审查技术（PERT）

在前几页描述的时间轴方法是基于一种被称为计划评估与审查技术（Program Evaluation and Review Technique，PERT）的方法，它是由美国海军在 20 世纪 50 年代开发研制的载有北极星导弹核潜艇计划项目规划的一部分。虽然你的目标可能没有开发核潜艇那么复杂，但基本概念仍然适用。

另外请大家记住这个故事：两个男人比赛谁能在一个早上砍下最多的木头，结果获胜的不是最强壮的人，而是那个经常停下来磨斧头的人（磨刀不误砍柴工）。

感觉与行动

一个常见的误解是你必须“感觉良好”才能开始一项任务。这样的想法会浪费你大量的时间和精力，试图唤起一种特定的感觉或等待它的出现。

表现得“好像如何如何”

你的感受当然会影响你的行为，但反过来也一样：你的行为也会影响你的感受。例如，如果你情绪有点低落，坐直，抬起你的下巴，脸上绽开一个大大的微笑，你真的会开始感到更快乐。这种行为引发了情绪的变化。这个表现得“好像……”的技巧可以欺骗你的潜意识，让它相信你真的是你所假装的样子。

所以，不要等到你有足够的勇气才去做一些你想做或需要做但又害怕做的事情，比如在公众面前演讲、邀请某人约会或面对吵闹的邻居。表现得不害怕，这样你就会感到自己越来越有勇气。这一方法可以应用于任何情况。

在你采取行动之前，你可能会等待某种情绪（幸福、自信、热情）的出现。像那些拥有你想要的品质的人一样行动，那些品质就会显现出来。

虽然完全控制你的感情是不可能的，也不一定是你想要的，但是你能在第5章找到一些有用的方法来影响它们，这样它们就不再是障碍。

战胜拖延症的10种方法

拖延症是一种常见的问题，你越习惯它，它就越容易出现。如果你知道自己总是拖延必须要做的事情，那么试试下面的法子来应对。

1. **放弃完美主义**　如果你因为想把工作做得完美而推迟开展一项工作，就暂时把完美的目标放在一边，假装你的目标是不完美地完成它，勇往直前。你可以随时改进它。

2. **幻想结果**　想想你完成任务后的好处。想象一下做完这件事后的感觉有多好。

3. **只做 10 分钟**　通常来说，如果你知道做一件事情只持续 10 分钟，你就觉得这很容易。然后，一旦你开始了，你会想要工作更久。

4. **关掉电视和互联网**　这是两件最浪费时间的事。拔掉插头，直到你完成任务。

5. **持续提醒**　在你工作的时候，设置一个计时器，比如每小时计时一次，这样你就能意识到时间过得有多快。

6. **寻找趣味**　先做最有趣（或最不痛苦）的部分。这会让你跟随它的节奏进行。

7. **发现自己在拖延**　当你第一次推迟一项任务的时候，留意一下。如果你能抵抗住拖延的最初冲动，那就比以后再抵抗要容易得多。拒绝拖延也可以成为一种习惯。

8. **你内心喜欢拖延吗？**　你是否沉迷于及时完成一项任务带来的肾上腺素激增的感觉？如果是这样，试着给自己多一点时间，设定自己的截止日期，比真正的截止日期早一些做完，这样你就有了一定的安全余量。养成尽可能早地开始一个项目的习惯，而不是尽可能往后拖。

9. **认识到错误其实不可避免**　害怕犯错会阻止你开始一项新任务。提醒自己，错误是生活中自然且不可避免的一部分，它最终会教会你如何做得更好。

10. **你真的应该做这个任务吗？**　有时候，拖延可能是你想要完全避免这项活动的潜意识信号（除了纯粹的懒惰之外）。重新评估你是否真的想去或者需要完成这个任务。

二八法则

在生活的许多领域，80% 的结果仅仅来自 20% 的行动。这种想法对我们大多数人来说是相当反直觉的：虽然我们可能怀疑我们的生活也许需要微微调整，但我们很少能想到重要成分和无用成分之间的差异会如此之大。

这条法则的含义

生活中的许多领域并不完全符合二八法则——有时更像是一九或三七，但比例的失衡程度总是比我们想象得更严重。我们通常穿的衣服（大约）占自己全部衣服的 20%，听自己总共拥有的歌曲当中的 20% 首歌，和自己认识的所有人中的 20% 待在一起，而且只有极少数的网站获得了大部分流量。

这项法则延伸到我们所追求的有价值的生活当中的任何领域，无论是朋友的陪伴还是我们一生的收入。这种价值在空间和时间上汇集在一起，也意味着它主要往往产生于少数可能的来源。例如，成功人士往往在其职业生涯中相对较短的一段时间内完成了绝大部分最好的工作，而公司的利润通常来自其所有业务中的一小部分。

你热爱生命吗？那么就不要浪费时间，因为生命是由时间组成的。

——本杰明·富兰克林

（Benjamin Franklin，1706—1790）

维尔弗雷多·帕累托

二八法则也被称为帕累托法则，以19世纪意大利经济学家维尔弗雷多·帕累托（Velfredo Pareto）的名字命名。他发现，在社会上，80%的财产由20%的劳动人口拥有。然后帕累托发现，在他所研究的每个国家，在他所研究的任何历史时期，都存在相同的财产分配模式。

在商业上，找出是哪20%的产品、服务或活动，产生了80%的利润，可以使企业更高效。另外，解决会导致产生80%问题的

20% 的故障，可以迅速改善工作条件。

如何运用这一法则

你可以在日常生活中应用这一法则。更聪明地工作，而不是更努力地工作：总体上不要做得太多，但要专注于能带来最大回报的少数活动。在日常生活的干扰中，或者当你的日程表变得“拥挤”的时候，让你的注意力集中在最重要的 20% 的事项上，以确保事情按计划进行。

试试以下建议。

- 列出你在过去几个月或几年里所有成功的行动。你应该发现，其中大约 80% 的问题涉及你生活中的一个小领域，或者是由相同的几个举措引起的。然后你就可以把精力集中在这些富有成效的活动上了。
- 如果你正在学习一项新技能，比如说一门外语，集中精力学习 20% 的基本要领（比如日常用语）会帮助你进步更快。
- 在一天的时间里，记录下你所做的每一件事，并记下每件事花费了多少时间。给每个行动的效率打分，从 1（浪费时间）到 7（充满效率）。用这个评级来区分最重要的 20% 的任务，然后剔除最不重要的 20%。

持续监控

对任何目标来说，成功最可靠的途径就是密切注意使自己始终在正确的轨道上。通过定期评估过去行动的影响，以及未来行动可能造成的结果，你可以取得持续的进步，将走进死胡同而浪费精力的风险降到最低。

从反馈中学习

反馈是一段过程，旨在将一种行为的效应回传给施行该行为的人或系统，来对其加以调整。积极的反馈通常会鼓励他们做更多有用的事情；负面的反馈会让他们暂停或中止一项无益的活动。

准确的反馈可以改善表现。这是进化的原理；也是大脑的工作原理；这也是市场经济的运作方式，或者至少应该是这样的。这种原理放在你身上也行得通。反馈传达给你清晰的结果，然后你可以在其基础上进行理性的判断，同时免于被自己持有的偏见所欺骗。

在产品开发中有一种技术叫作客户调查，公司会询问客户对新产品的评价，以了解他们是否喜欢该产品。你可以使用类似的技巧。在你的家人享用了你做的饭后，问问他们特别喜欢当中哪道菜。如果你的工作申请被拒绝了，问一下对方的意见，尝试获得反馈，这样你可以在下一次申请中做得更好。尽可能多去测试你自己的想法，以获得大量的反馈。

时空之旅

想象一下，你可以给一个月、一年或者五年前的自己发条信息，内容是关于你所采取的具体行动。你会给以前的自己什么建议？

这种假想的反馈可以帮助你弄清楚哪些计划有效，哪些没有。它还可以帮助你评估自己的决定，比如某一门大学课程值不值得上，或者开始一段关系是否是个好主意。只要你有足够的时间让结果变得明朗，你可以在任何时候使用这个方法，穿越的时间从几分钟到一生都可以。

规划未来

你也可以通过反馈分析来帮助自己规划未来。对于每一个关键的行动或决定，写下你预测会从这次行动中得到什么。几个月，或者一年之后，比较你的预期和实际结果。这种分析可以创造启发性的答案，然后你可以应用于未来的行动和决定。

中世纪时期的反馈

1536 年，两个独立的宗教组织成立，并共同统治欧洲：北方的加尔文教派和南方的耶稣会。商业作家彼得·德鲁克（Peter Drucker）在研究这段历史时，发现了他所认为的他们成功的关键：反馈分析。两个教派的成员都使用了这种技术，两个组织都迅速发展起来。

“行动日”技巧

生活经常会像机器一样出现一种循环，需要我们处理紧急但不一定重要的任务。如果你想提高你的效率，你需要尝试一些新策略。让你的思想和身体重新活跃起来的一种方法是，设立一个“行动日”，在这一天你要全力工作。

打破熟悉的藩篱

我们的身体有一种自动系统，叫作体内平衡，它能将温度和体液平面等物理因素保持在安全的范围内。我们的潜意识似乎也有类似的机制，旨在让我们保持在熟悉的行为模式中。

打破这些内在的限制是困难的。有时候，我们需要的不是另一种决策或时间管理技巧，而是完全老式的意志力量。

发挥你的意志力：行动日

为了增强我们的意志力，我们必须培养足够的自我控制能力，以便朝着具有挑战性或长期的目标而工作，而不是追求一时的快乐。

一种产生动力的方法是自我完善类作家斯图亚特·戈德史密斯（Stuart Goldsmith）发明的“行动日”过程。“行动日”可以在你朝着目标努力的过程中提高你的能量水平。任何类似这样的技巧，都能让你采取行动，快速完成任务，增强你的意志力。

计划行动日

首先你需要为“行动日”做准备，写下你想要完成的任务。理想情况下，你应该有 50 个左右的任务。关键是要选择各种各样的任务——小任务或大任务，生理相关或心理相关，管理类或创造类。写下你打算做的每一件事，从“开始作曲”到“支付电话费”都可以包括在内。

按照如下步骤组织你的行动日：

- 从早上8点开始，做完你的清单上的每一项任务，即使你可能要做到午夜。
- 排除环境中所有的诱惑因素，并防止来自电话、电子邮件或其他源头的干扰。
- 不允许任何干扰、分心或休息。不要花一个小时吃午饭：选一些你可以边进行任务边吃的东西。

熵增定律

在科学中，“熵”的意思是缺乏秩序。除非向一个系统内注入能量，否则它的熵将趋向于增加；换句话说，秩序会瓦解，就像冰块融化一样。同样，在生活中，我们必须不断地把精力投入到我们认为有价值的事情上，以保持它们正常运转。行动日可以帮助你做到这一点。

行动日是一项艰巨的任务，但请注意保持冷静和专注，这样你就不会感到紧张或恐慌。你可能会惊讶于你集中行动后所取得的成就！

果断的新自我

现在你已经读到了这本书的末尾，你已经了解了一系列简单的技巧，可以快速帮助你变得更果断和高效。这些技巧能够自我提升：你练习得越多，它们就会变得越强大。

果断的好处

即使你已经开始看到你的行动的好处，你仍然需要一些时间来适应全新的自己。如果你感到自己的精力或意志力在衰退，记住：

- 果断让你对自己更有信心，从而获得更强的自尊心，也让别人对你充满信任。
- 变得果断就像锻炼肌肉——你锻炼得越多，你就会变得“更健康”、更高效。
- 果断可以节省你的时间。生活中大部分的小决定都可以很快地做出来，而且实际上长时间的考虑并不会使好处变多。

有这么一个笑话：“如果你想要完成某事，去求一个大忙人。”当你对自己快速做出决定的能力有了信心，你做得就更多；你做得越多，你就会发现自己能做到的越多。你花在行动上的时间越多，而不是深思熟虑或担心该做什么，你就会感到更有活力：你将创造出具有决断力的良性循环。一旦你真的做到了，限制将不再存在！

习惯的隐藏力量

习惯就像你思想的仆人：把某件事变成习惯，你就会从必须处理它的意识中解放出来。好习惯可以把一项任务变成一个自动化的过程，以更少的精力去执行。

列出一些小的但积极的活动，这些活动在加班时会有很大的回报。例如，从准时参加会议到付完电费后立即归档单据。定期进行这些活动可以显著提高你的整体效率。

决定在三个月内定期去做清单上的一项或多项活动。这段时间足以让它成为一种习惯。

为了帮助自己形成和加强这个习惯，每天在特定的地点和时间（或者按你需要做多少次）去完成它。

拓展阅读

写一本关于如何清晰地进行思考的书，不可避免地要以无数思想家的工作为基础，尤其是那些在决策方面开创全新研究的心理学家（我们对大脑的大部分了解都是在过去 20 年间才获得的）。同样，我们也从许多自我完善类作者的著作中获得了把准确的思想转化为有效行动的知识。想要深入研究这方面，最好从阅读以下书籍开始。

《自尊的六个支柱》（*The Six Pillars of Self Esteem*），纳撒尼尔·布兰登著，兰登书屋（Random House）出版社，2004 年。

《野兔大脑，乌龟思想》（*Hare Brain, Tortoise Mind*），盖伊·克拉克斯顿（Guy Claxton）著，新闻界（Fourth Estate）出版社，1998 年。

《了解自己的个性》（*Know Your Own Personality*），汉斯·艾森克（Hans Eysenck）、格林·威尔逊（Glenn Wilson）著，企鹅图书公司（Penguin Books），1991 年。

《眨眼之间》（*Blink*），马尔科姆·格拉德威尔（Malcolm Gladwell）著，企鹅图书公司，2006 年。

《百万富翁的七个秘密》（*Seven Secrets of Millionaires*），斯图尔特·戈德史密斯著，麦地那出版社（Medina Publishing），2001 年。

《强力法则》（*The Power Laws*），理查德·科克（Richard Koch）著，尼古拉斯·布莱雷出版社（Nicholas Brealey Publishing），2000 年。

《选择的悖论》（*The Paradox of Choice*），巴里·施瓦茨（Barry Schwartz）著，哈珀柯林斯（Harper Collins）出版社，2005 年。

《爱因斯坦要素》（*The Einstein Factor*），温·威戈（Win Wenger）著，普律玛出版社（Prima Publishing），1996 年。

关于作者的更多信息，请访问：

www.TheMindLab.org

www.DrDavidLewis.co.uk

致　谢

非常感谢我们在思维实验室的同事们，特别是丹·琼斯、史蒂文·马修斯和汉娜·皮斯古德。还要感谢罗杰、琳达和露西·布里杰、格雷姆·麦基翁、梅根、苏菲和凯里。我们还要向凯蒂·约翰和鲍勃·萨克斯顿表示感谢，感谢他们的出色工作，使这本书最终得以完成，感谢克莱尔·索普的时尚版面设计。最后，我们要特别感谢我们聪慧过人的编辑卡罗琳·鲍尔，她不仅要对本书进行编辑，还要煞费苦心地检查书中许多部分的逻辑问题。